Mansfield
Eine indiskrete Reise und andere Erzählungen

Während Beryl ihrer häuslichen Existenz durch Heirat entfliehen möchte, träumt Linda von Abenteuerreisen nach China und einem Alltag ohne Kinder. An der einsamen Miss Brill zieht das Leben vorbei, Mrs. Harry Kember ignoriert die gesellschaftlichen Normen, und Laura versteht zum ersten Mal das Verhältnis von Leben und Tod ...

In ihren Erzählungen porträtiert Katherine Mansfield das Innenleben konträrer Frauenfiguren und spricht dabei über deren Sorgen, Ängste und Wünsche.

Katherine Mansfield

Eine indiskrete Reise
und andere Erzählungen

Übersetzt und mit einem Essay von Ursula Grawe

Reclam

Inhalt

Frau Brechenmacher besucht eine Hochzeit

Sie hatte schreckliche Mühe, rechtzeitig fertigzuwerden. Nach dem Abendessen steckte Frau Brechenmacher vier ihrer fünf Kinder ins Bett und erlaubte nur Rosa aufzubleiben und zu helfen, die Knöpfe an Herrn Brechenmachers Uniform zu putzen. Dann fuhr sie mit einem heißen Eisen über sein bestes Hemd, putzte seine Stiefel und besserte hier und da etwas an seiner schwarzen Seidenkrawatte aus.

»Rosa«, sagte sie, »hol mir mein Kleid und häng's vor den Ofen, damit sich's glatthängt. Und vergiss nicht – pass mir ja auf die Geschwister auf und bleib nicht später auf als bis halb neun und lang mir nicht die Lampe an – du weißt, was sonst passiert.«

»Ja, Mamma«, sagte Rosa, die neun war und sich alt genug fühlte, um mit tausend Lampen fertigzuwerden. »Aber lass mich aufbleiben – der Bub möcht aufwachen und Milch wollen.«

»Halb neun!«, sagte die Frau. »Der Vater wird's dir auch noch mal sagen.«

Rosa ließ die Mundwinkel hängen.

»Aber ... aber ...«

»Hier kommt der Vater. Du geh ins Schlafzimmer und hol mir mein blaues Seidenhalstuch. Du kannst mein schwarzes Tuch tragen, wenn ich weg bin – da!«

Rosa zog ihrer Mutter das Tuch von den Schultern, legte es sich sorgfältig um und knotete die beiden Enden auf dem Rücken zusammen. Wenn sie schon um halb neun ins Bett musste, würde sie jedenfalls das Tuch umbehalten. Ein Entschluss, der sie mit ihrem Schicksal versöhnte.

»Also, wo sind meine Kleider?«, rief Herr Brechenmacher, hängte seine leere Briefträgertasche hinter die Tür und stampfte den Schnee von den Stiefeln. »Nichts fertig, natürlich, und alle sind schon lang auf der Hochzeit. Ich hab im Vorbeigehen die Musik gehört. Was machst du denn da? Du bist immer noch nicht angezogen. So kannst du nicht gehen.«

»Hier sind sie – alles fertig für dich auf dem Tisch und warmes Wasser in der Zinkwanne. Tauch den Kopf rein. Rosa, gib deinem Vater das Handtuch. Alles fertig, bis auf die Hosen. Ich hab keine Zeit gehabt, sie kürzer zu machen. Du musst sie in die Stiefel stecken, bis wir da sind.«

»Na«, sagte Herr Brechenmacher, »man kann sich hier drinnen ja nicht rühren. Ich brauch das Licht. Geh und zieh dich im Gang an.«

Sich im Dunkeln anzuziehen, war für Frau Brechenmacher nichts Neues. Sie hakte Rock und Mieder zu, steckte das Halstuch mit einer hübschen Brosche fest, an der vier Medaillen für die Mutter Gottes hingen, und legte den Lodenumhang mit der Kapuze um.

»Komm her und mach mir die Schnalle zu«, rief Herr Brechenmacher. Er stand in der Küche und blähte sich auf, und die Knöpfe an seiner blauen Uniform blitzten mit einer Begeisterung, wie sie nur Beamtenknöpfe aufbringen können. »Wie schau ich aus?«

»Fesch«, erwiderte die kleine Frau, zerrte an der Gürtelschnalle und zog hier ein bisschen, zupfte dort noch ein wenig an ihm herum. »Rosa, komm und schau deinen Vater an.«

Herr Brechenmacher stolzierte in der Küche auf und ab, ließ sich in den Mantel helfen und wartete, bis seine Frau die Laterne angezündet hatte.

»Also los – endlich fertig? Komm schon!«

»Die Lampe, Rosa«, warnte die Frau und schlug die Haustür hinter sich zu.

Den ganzen Tag über war kein Schnee gefallen; der gefrorene Boden war glatt wie eine Eisfläche. Sie war seit Wochen nicht aus dem Haus gekommen, und der Tag hatte sie so mitgenommen, dass ihr ganz schwindlig und dumpf im Kopf war – als habe Rosa sie aus dem Haus gestoßen und ihr Mann laufe ihr davon.

»Warte, warte doch!«, rief sie.

»Nein, ich krieg nasse Füße – schick dich lieber.«

Es ging leichter, als sie ins Dorf kamen. Man konnte sich an den Zäunen entlanghangeln, und vom Bahnhof zum Gasthaus war ein schmaler Schlackenpfad gestreut, wegen der Hochzeitsgäste. Das Gasthaus sah sehr festlich aus. Aus allen Fenstern schien Licht, von den Fensterbänken hingen Kränze aus Tannengrün. Die Eingangstüren, die aufgerissen wurden, waren mit Zweigen geschmückt, und im Vestibül bewies der Wirt seine Überlegenheit, indem er die Kellnerinnen, die unermüdlich mit Biergläsern, Tabletts voller Tassen und Untertassen und Weinflaschen hin und her liefen, anschnauzte.

»Die Treppe rauf – die Treppe rauf!«, rief der Wirt dröhnend. »Lassts die Mäntel im Treppenhaus.«

Herr Brechenmacher war so völlig eingeschüchtert durch dieses großartige Gehabe, dass er seine Rechte als Ehemann ganz vergaß und sich bei seiner Frau dafür entschuldigte, sie bei dem Versuch, sich den Vortritt vor allen zu erkämpfen, gegen das Geländer geschubst zu haben.

Herr Brechenmacher wurde von seinen Kollegen mit lautem Hallo begrüßt, als er durch die Tür in den Festsaal trat, und die Frau rückte ihre Brosche zurecht, faltete die Hände und setzte eine würdevolle Miene auf, wie es sich für die Frau eines Briefträgers und Mutter von fünf Kindern schickte. Der Festsaal sah wirklich wunderschön aus. Drei lange Tische waren an einem Ende zusammengestellt und der Rest des Saals zum Tanzen freigeräumt. Die Öllampen unter der Decke warfen ein warmes, helles Licht auf die mit Papierblumen und Girlanden geschmückten Wände und ein noch wärmeres, helleres Licht auf die geröteten Gesichter der sonntäglich gekleideten Gäste.

Am Kopfende des Mitteltisches saßen Braut und Bräutigam, sie in einem weißen, mit Streifen und Schleifchen aus farbiger Litze besetzten Kleid, in dem sie wie eine Torte aussah, die man nur anzuschneiden und in mundgerechten, kleinen Häppchen dem Bräutigam zu servieren brauchte, der einen viel zu großen, weißen Anzug trug und einen verrutschten weißen Seidenschlips. Zu beiden Seiten saßen, mit feinem Gespür nach Rang und Würde gruppiert, Eltern und Verwandte; und auf einem Hocker zur Rechten der Braut ein kleines Mädchen in zerknittertem Musselinkleidchen, dem ein Kränzchen aus Vergissmeinnicht schief überm Ohr hing. Alle lachten und redeten, schüttelten sich die Hände, prosteten sich zu, stampften mit den Füßen – ein durchdringender Geruch von Bier und Schweiß erfüllte die Luft.

Frau Brechenmacher folgte ihrem Mann ans untere Ende des Saals, nachdem sie die Brautleute begrüßt hatten; sie wusste, sie würde sich amüsieren. Sie blühte regelrecht auf und bekam eine warme, rosige Farbe, als sie den vertrauten Festgeruch einatmete. Jemand zupfte sie am Rock, und als sie hinuntersah, saß da Frau Rupp, die Metzgersfrau, zog einen leeren Stuhl zu sich heran und bat sie, sich neben sie zu setzen.

»Der Fritz holt Ihnen ein Bier«, sagte sie. »Sie, Ihr Rock steht hinten offen. Wir haben so gelacht, wie Sie durch den Saal gegangen sind und das weiße Bändel von Ihrem Unterrock rausgehängt ist!«

»Ach, das ist ja furchtbar!«, sagte Frau Brechenmacher, sank auf ihren Stuhl und biss sich auf die Lippen.

»Na, nun ist's egal«, sagte Frau Rupp, streckte die fetten Hände über den Tisch und betrachtete mit ausgesprochener Genugtuung ihre drei Trauerringe, »obwohl man vorsichtig sein muss, besonders auf einer Hochzeit.«

»Und erst auf so einer!«, rief Frau Ledermann, die an der anderen Seite von Frau Brechenmacher saß. »Dass die Theresa das Kind mitbringt! Schließlich ist es das ihrige, wissen Sie, und soll in Zukunft bei ihnen wohnen. Ein uneheliches Kind auf der Hochzeit von der eigenen Mutter – wenn das keine Sünde gegen die Kirche ist!«

Die drei Frauen saßen da und starrten auf die Braut, die ganz stillhielt, ein kleines, abwesendes Lächeln um den Mund; nur ihre Augen irrten unruhig hin und her.

»Bier haben sie dem Kind auch noch gegeben«, flüsterte Frau Rupp, »und Weißwein und Eis. Dabei hat es einen schwachen Magen; sie hätte es daheimlassen sollen.«

Frau Brechenmacher drehte sich nach der Brautmutter um. Die ließ ihre Tochter nicht aus den Augen, hatte die gebräunte Stirn wie ein alter Affe gerunzelt und nickte von Zeit zu Zeit feierlich mit dem Kopf. Ihre Hände zitterten, als sie den Bierkrug hob; und als sie getrunken hatte, spuckte sie auf den Boden und fuhr sich brutal mit dem Ärmel über den Mund. Dann setzte die Musik ein, und sie folgte

Theresa mit den Augen und musterte misstrauisch jeden Mann, der mit ihr tanzte.

»Immer lustig, Alte«, rief ihr Mann und stieß sie in die Rippen, »wir sind nicht auf Theresas Beerdigung.« Er zwinkerte den Gästen zu, die in lautes Gelächter ausbrachen.

»Ich bin doch lustig«, brummte die alte Frau und schlug im Takt zur Musik mit der Faust auf den Tisch, um zu beweisen, dass sie in Festtagsstimmung war.

»Sie kann nicht vergessen, wie wild es die Theresa getrieben hat«, sagte Frau Ledermann. »Wer könnte das auch – mit dem Kind da? Ich hab gehört, die Theresa ist am letzten Sonntag hysterisch geworden und hat gesagt, sie wird den Mann nicht heiraten. Sie haben den Pfarrer holen müssen.«

»Wo ist denn der andere?«, fragte Frau Brechenmacher. »Warum hat der sie nicht geheiratet?«

Die Frau zuckte die Achseln.

»Weg – verschwunden. Er war Handlungsreisender und hat nur zwei Nächte bei ihnen gewohnt. Er hat Hemdenknöpfe verkauft – ich hab ihm selbst welche abgekauft, und es sind wunderschöne Hemdenknöpfe gewesen – aber was für ein Saukerl! Ich weiß gar nicht, was er an so einem einfachen Mädel gefunden hat – aber stille Wasser sind tief. Ihre Mutter sagt, seit sie sechzehn war, ist sie außer Rand und Band.«

Frau Brechenmacher blickte in ihren Bierkrug und blies ein kleines Loch in den Schaum.

»So darf eine Hochzeit nicht sein«, sagte sie; »es ist nicht christlich, zwei Männer zu lieben.«

»Mit dem da wird sie auch noch was erleben«, rief Frau Rupp. »Er hat letzten Sommer bei mir logiert, und ich hab ihn rauswerfen müssen. Zwei Monate lang hat er kein einziges Mal sein Gewand gewechselt, und wie ich ihn wegen des Gestanks im Zimmer zur Rede gestellt hab, hat er behauptet, der Geruch kommt vom Laden rauf. Ach, jede Frau hat ihr Kreuz. Stimmt's nicht, Frau Brechenmacher?«

Frau Brechenmacher sah ihren Mann unter seinen Kollegen am Nebentisch sitzen. Sie wusste, er trank viel zu viel – er fuchtelte wild mit den Armen und versprühte Speichel beim Sprechen.

»Ja«, pflichtete sie bei, »das stimmt. Mädel müssen viel lernen.«

Eingeklemmt zwischen diesen beiden dicken, alten Frauen, hatte sie wenig Aussicht, zum Tanzen aufgefordert zu werden. Sie sah zu, wie sich die Paare im Kreis drehten, vergaß ihre fünf kleinen Kinder und ihren Mann und kam sich beinahe wieder wie ein junges Mädchen vor. Die Musik klang so traurig und süß. Krampfhaft öffnete und schloss sie die abgearbeiteten Hände im Schoß. Solange die Musik spielte, scheute sie sich, jemandem ins Gesicht zu sehen, und lächelte mit einem kleinen, nervösen Zucken um den Mund.

»Heilige Mutter Gottes«, rief Frau Rupp, »jetzt haben sie dem Kind von der Theresa auch noch ein Stück Wurst gegeben. Damit es Ruhe gibt. Jetzt kommt nämlich die Geschenküberreichung – Ihr Mann muss eine Rede halten.«

Frau Brechenmacher richtete sich kerzengerade auf. Die Musik brach ab, und die Tänzer nahmen wieder an den Tischen Platz.

Nur Herr Brechenmacher blieb stehen – eine große silberne Kaffeekanne in den Händen. Alles lachte über seine Rede, außer seiner Frau; alles johlte über seine Grimassen

und die Art, wie er dem Brautpaar die Kaffeekanne über-
reichte, als halte er ein Baby im Arm.

Die Braut hob den Deckel, warf einen Blick hinein,
schloss ihn dann mit einem kleinen Aufschrei, saß da und
biss sich auf die Lippen. Der Bräutigam riss ihr die Kanne
aus der Hand und zog eine Kinderflasche und zwei kleine
Wiegen mit chinesischen Püppchen daraus hervor. Als er
diese Schätze vor Theresas Nase baumeln ließ, bog sich der
ganze erhitzte Saal vor Lachen.

Frau Brechenmacher fand daran gar nichts komisch. Sie
starrte in die lachenden Gesichter um sich herum, und sie
kamen ihr plötzlich alle ganz fremd vor. Sie wollte heim und
das Haus nie wieder verlassen. Sie bildete sich ein, die Leute
lachten alle über sie, mehr Leute sogar, als im Saal waren –
alle lachten über sie, weil sie so viel stärker waren als sie.

Schweigend gingen sie heim. Herr Brechenmacher marschierte voran, sie stolperte hinterher. Weiß und verlassen
lag die Straße vom Bahnhof zu ihrem Haus – ein kalter
Windstoß blies ihr die Kapuze vom Kopf, und plötzlich fiel
ihr ein, wie sie die erste Nacht gemeinsam nach Haus gekommen waren. Jetzt hatten sie fünf Kinder und doppelt
so viel Geld; *aber* –

»Und was soll das alles?«, murmelte sie vor sich hin, und
erst als sie zu Haus war und ihrem Mann einen kleinen Im-
biss aus Fleisch und Brot zubereitet hatte, hörte sie auf, sich
diese sinnlose Frage zu stellen.

Herr Brechenmacher brockte das Brot klein in den Teller,
fuhr mit der Gabel darin herum und kaute gierig.

»Schmeckt's?«, fragte sie, lehnte die Arme auf den Tisch
und bettete ihre Brüste hinein.

»Gut!«

Er spießte einen Brocken auf die Gabel, wischte damit um den Tellerrand und hielt ihn ihr vor den Mund. Sie schüttelte den Kopf.

»Hab kein Hunger«, sagte sie.

»Aber das ist der beste Bissen, und ganz voll Fett.«

Er leerte den ganzen Teller; dann zog er seine Stiefel aus und schleuderte sie in die Ecke.

»Ziemlich mies – diese Hochzeit«, sagte er, streckte die Füße von sich und wackelte mit den Zehen in den gestrickten Socken.

»Jaaah«, antwortete sie, hob die abgelegten Stiefel auf und stellte sie zum Trocknen auf den Ofen.

Herr Brechenmacher gähnte, streckte sich und sah sie dann grinsend von unten an.

»Erinnerst du dich an die Nacht, wo wir heimgekommen sind? Du warst wie frisch vom Land.«

»Ach, geh! Das hab ich schon lang vergessen.« Und ob sie sich erinnerte!

»Du hast mir eine saftige Watschen gegeben … Aber ich hab's dir bald gezeigt.«

»Hör mal auf. Du hast zu viel getrunken. Komm ins Bett.«

Er ließ den Stuhl nach hinten wippen und schüttelte sich vor Lachen.

»Das hast du an dem Abend nicht zu mir gesagt. Jessas Maria, hast du dich angestellt!«

Aber die kleine Frau nahm die Kerze und ging ins Nebenzimmer. Die Kinder schliefen fest. Sie hob das Bettzeug an, um zu sehen, ob das Baby noch trocken war, dann begann sie, Bluse und Rock aufzuknöpfen.

»Immer dasselbe« – sagte sie – »auf der ganzen Welt überall dasselbe; aber, heilige Mutter Gottes – wie *dumm*.«

Dann verblasste sogar die Erinnerung an die Hochzeit. Und als Herr Brechenmacher ins Zimmer getorkelt kam, lag sie auf dem Bett, einen Arm quer übers Gesicht gelegt, wie ein Kind, das erwartet, dass man ihm wehtut.

1911

Der Wind weht

Plötzlich – schreckhaft – wacht sie auf. Was ist geschehen? Etwas Schreckliches ist geschehen. Nein – nichts ist geschehen. Es ist nur der Wind, der das Haus schüttelt, an den Fenstern rüttelt, ein Stück Eisen gegen das Dach schlägt und ihr Bett erzittern lässt. Blätter flattern am Fenster vorbei, auf und davon; am Ende der Allee schwirrt eine ganze Zeitung wie ein verirrter Drachen durch die Luft, fällt und spießt sich auf einer Kiefer auf. Es ist kalt. Der Sommer ist vorbei – es ist Herbst – alles ist hässlich. Karren rattern, von einer Seite zur andern schwankend, vorbei; zwei Chinesen wanken dahin unter der Last ihrer hölzernen Joche, an denen Gemüsekörbe hängen – ihre Zöpfe und blauen Kittel flattern im Wind. Ein weißer Hund auf drei Beinen läuft kläffend am Tor vorbei. Es ist alles aus! Was? Ach, alles! Und mit zitternden Fingern beginnt sie, ihr Haar zu flechten und wagt nicht, in den Spiegel zu sehen. Mutter redet mit Großmutter in der Vorhalle.

»So ein Trottel! Stell dir vor, bei diesem Wetter etwas auf der Leine hängen zu lassen … Mein bestes kleines Spitzendeckchen regelrecht zerfetzt … Was ist denn *das* für ein Geruch? Der Haferbrei brennt an. Ach, Himmel – dieser Wind!

Sie hat um zehn Uhr Klavierstunde. Beim Gedanken daran beginnt der Mollsatz der Beethoven-Sonate in ihrem Kopf zu erklingen, die Triller lang und beängstigend wie kleine Trommelwirbel … Marie Swainson von nebenan läuft in den Garten, um die Astern zu pflücken, ehe sie ruiniert sind. Ihr Rock fliegt in die Höhe; sie versucht, ihn herunterzuschlagen, ihn zwischen die Beine zu klemmen, während sie sich bückt, aber umsonst – er fliegt immer wieder hoch. Bäume und Büsche schlagen wie wild um sich. Sie pflückt, so schnell sie kann, aber sie ist wie von Sinnen. Sie achtet nicht darauf, was sie tut – sie reißt die Blumen mit den Wurzeln aus, knickt und biegt sie, stampft mit dem Fuß und flucht.

»Zum Donnerwetter, lass doch die Haustür zu! Geh hintenrum!«, ruft jemand. Und dann hört sie Bogey:

»Mutter, du wirst am Telefon verlangt. Telefon, Mutter. Der Schlachter.«

Wie abscheulich das Leben ist – abstoßend, einfach abstoßend ... Und jetzt ist auch noch das Hutband gerissen. Das musste ja kommen. Sie wird einfach die alte Schottenmütze aufsetzen und sich zur Hintertür hinausstehlen. Aber Mutter hat sie gesehen.

»Matilda. Matilda. Komm sofort zurück! Was hast du denn da bloß auf dem Kopf? Das sieht ja aus wie eine Kaffeemütze. Und warum hängt dir diese Mähne ins Gesicht?«

»Ich kann nicht zurückkommen, Mutter. Ich komme zu spät zur Klavierstunde.«

»Komm sofort zurück!«

Nein und noch mal nein. Sie hasst Mutter. »Geh zum Teufel«, ruft sie und läuft die Straße entlang.

In Wellen, in Wolken, in großen kreisenden Wirbeln kommt der Staub beißend dahergefegt und treibt winzige Teilchen von Stroh und Spreu und Mist mit sich. Aus den Bäumen in den Gärten dringt ein gewaltiges Brausen, und vor Mr. Bullens Tor am Ende der Straße kann sie das Meer ächzen hören: »Ah! Ah! ... Aaah!« Aber in Mr. Bullens Wohnzimmer ist es still wie in einer Höhle. Die Fenster sind geschlossen, die Rollos halb heruntergezogen und sie ist nicht zu spät gekommen. Das Mädchen »vor ihr« fängt gerade an, MacDowells »An einen Eisberg« zu spielen. Mit dem Anflug eines Lächelns blickt Mr. Bullen zu ihr hinüber.

»Setz dich«, sagt er. »Setz dich dort drüben in die Sofaecke, mein kleines Fräulein.«

Wie komisch er ist. Er lacht einen nicht direkt aus … aber er hat so etwas … Ach, wie friedlich es hier drin ist. Das Zimmer gefällt ihr. Es riecht nach Kunstseide und abgestandenem Rauch und Astern … eine große Vase voll steht auf dem Kaminsims hinter der verblassten Fotografie von Rubinstein … *à mon ami Robert Bullen* … Über dem schwarzen, glänzenden Klavier hängt »Die Einsamkeit« – eine düstere, tragische Frauengestalt ganz in Weiß, die mit übergeschlagenen Beinen auf einem Felsen sitzt, das Kinn in die Hand gestützt.

»Nein, nein!«, sagt Mr. Bullen, und er beugt sich über das Mädchen, langt mit den Armen über ihre Schultern und spielt ihr die Passage vor. Die dumme Gans – sie wird rot! Wie albern!

Jetzt ist das Mädchen »vor ihr« fort; die Haustür schlägt zu. Mr. Bullen kommt zurück, geht ganz leise auf und ab und wartet auf sie. Wie ungewöhnlich ihr das vorkommt! Ihre Finger zittern so, dass sie die Knoten ihrer Notenmappe nicht aufbekommen. Das macht der Wind … Und ihr Herz schlägt so heftig, sie hat das Gefühl, ihre Bluse müsse sich heben und senken. Mr. Bullen sagt kein Wort. Der schäbige, rote Klavierhocker ist breit genug, dass zwei Leute nebeneinander darauf sitzen können. Mr. Bullen setzt sich neben sie.

»Soll ich mit den Tonleitern anfangen?«, fragt sie und

presst die Hände zusammen. »Ich hatte auch ein paar Arpeggios auf.«

Aber er antwortet nicht. Er hat sie womöglich gar nicht gehört … und dann langt er plötzlich mit seiner frischen, beringten Hand an ihr vorbei und schlägt Beethoven auf.

»Sehen wir uns doch mal den alten Meister an«, sagt er.

Aber warum ist seine Stimme so freundlich – so schrecklich freundlich –, als kennten sie sich seit vielen Jahren und wüssten alles voneinander.

Langsam blättert er die Seite um. Sie beobachtet seine Hand – es ist eine sehr schöne Hand, die immer frisch gewaschen aussieht.

»Hier«, sagt Mr. Bullen.

Ach, diese gütige Stimme – ach, dieser Mollsatz. Hier kommen die kleinen Trommeln …

»Soll ich die Wiederholung spielen?«

»Ja, mein liebes Kind.«

Seine Stimme ist viel, viel zu gütig. Die Viertel und Achtel tanzen auf den Notenlinien auf und ab wie kleine Negerjungen auf einem Zaun. Warum ist er so … Sie will nicht weinen – sie hat überhaupt keinen Grund zu weinen …

»Was ist denn, mein liebes Kind?«

Mr. Bullen nimmt ihre Hände. Seine Schulter ist da – gleich neben ihrem Kopf. Sie lehnt sich ganz leicht dagegen, die Wange an seinem rauen Tweed.

»Das Leben ist so schrecklich«, murmelt sie, aber sie findet gar nicht, dass es schrecklich ist. Er sagt etwas von »Warten« und »Geduld haben« und »die Frau, das seltsame Wesen«, aber sie hört gar nicht zu. Es ist so anheimelnd … für immer …

Plötzlich geht die Tür auf und Marie Swainson platzt herein, Stunden bevor sie dran ist.

»Spiel das Allegretto etwas schneller«, sagt Mr. Bullen, steht auf und beginnt, wieder auf und ab zu wandern.

»Setz dich in die Sofaecke, mein kleines Fräulein«, sagt er zu Marie.

Der Wind, der Wind. Sie bekommt Angst so ganz allein in ihrem Zimmer. Das Bett, der Spiegel, der weiße Krug und die Waschschüssel leuchten wie der Himmel draußen. Das Bett ist so beängstigend. Da liegt es, in festem Schlaf … Mutter bildet sich doch nicht etwa ein, dass sie all die Strümpfe stopft, die verknotet wie ein Knäuel Schlangen auf ihrer Steppdecke liegen. Daraus wird nichts. Nein, Mutter, ich sehe wirklich nicht ein, warum ich … Der Wind – der Wind! Ein komischer Rußgeruch kommt aus dem Kamin. Hat denn noch niemand Gedichte an den Wind geschrieben? … »Ich bring neue Frische in Bäume und Büsche.« … Was für ein Unsinn.

»Bist du's, Bogey?«

»Komm, wir machen einen Spaziergang an die Esplanade, Matilda. Ich halte es einfach nicht mehr aus.«

»Gute Idee. Ich ziehe nur meinen Mantel über. Was für ein furchtbarer Tag!« Bogey trägt den gleichen Mantel wie sie. Als sie den Kragen zuknöpft, blickt sie in den Spiegel. Ihr Gesicht ist bleich, sie haben die gleichen unruhigen Augen und heißen Lippen. Ah, sie kennen die beiden im Spiegel. Adieu, ihr beiden; wir sind gleich wieder da.

»Endlich kann man aufatmen!«

»Hak dich ein«, sagt Bogey.

Sie können gar nicht schnell genug gehen. Die Köpfe gesenkt, aneinandergedrängt, stürmen sie wie ein einziger ungeduldiger Mensch durch die Stadt, den asphaltierten Zickzackweg hinunter, wo der wilde Fenchel wächst, und auf die Esplanade. Es ist dämmerig – wird gerade dämmerig. Der Wind bläst so stark, dass sie sich torkelnd wie zwei alte Betrunkene dagegenstemmen müssen. All die armen kleinen Pahutukawas auf der Esplanade hat der Wind zu Boden gedrückt.

»Los! Los! Lass uns näher rangehen.«

Drüben an der Mole geht die See sehr hoch. Sie nehmen die Mützen ab, und das Haar weht ihr über den Mund und schmeckt nach Salz. Die Flut ist so hoch, dass sich die Wellen gar nicht brechen; sie klatschen gegen die raue Steinmauer und saugen die algenbewachsenen, tropfenden Stufen ein. Ein feiner Sprühregen vom Wasser fegt über die Esplanade. Sie sind über und über mit Tropfen bedeckt; ihr Mund schmeckt innen ganz nass und kalt.

Bogey ist im Stimmbruch. Wenn er spricht, jagt er die Tonleiter hinauf und hinunter. Es klingt komisch – man muss darüber lachen – aber irgendwie passt es zu diesem Wetter. Der Wind trägt ihre Stimmen – und die Sätze fliegen wie kleine, dünne Papierschlangen auf und davon.

»Schneller! Schneller!«

Es wird ganz dunkel. Die Kohlenschuten im Hafen haben zwei Lichter – eins oben am Mast und eins am Heck.

»Sieh mal, Bogey. Da drüben.«

Ein riesiger, schwarzer Dampfer mit lang gezogener Rauchfahne, mit erleuchteten Bullaugen, mit Lichtern überall nimmt Kurs aufs Meer. Der Wind hindert ihn nicht; er durchschneidet die Wellen und steuert auf die Ausfahrt zwischen zwei spitzen Felsen zu, in Richtung ... Es ist das

Licht, das ihn so unheimlich schön und geheimnisvoll macht … *Sie* sind an Bord und lehnen Arm in Arm an der Reling.

»… Wer sind die beiden?«

»… Bruder und Schwester.«

»Sieh mal, Bogey, die Stadt. Wie klein sie aussieht! Da schlägt die Uhr an der Post zum letzten Mal. Da ist die Esplanade, wo wir an dem windigen Tag spazieren gegangen sind. Erinnerst du dich? An dem Tag habe ich in meiner Klavierstunde geweint – wie lange das her ist! Adieu, kleine Insel, adieu …«

Jetzt breitet die Dunkelheit ihre Flügel über das unruhige Wasser. Sie können die beiden nicht mehr erkennen. Adieu, adieu. Vergesst uns nicht … Aber das Schiff ist verschwunden.

Der Wind – der Wind.

1915

Eine indiskrete Reise

I

Sie sieht aus wie die heilige Anna. Ja, die Concierge ist das
Abbild der heiligen Anna mit dem schwarzen Tuch überm
Kopf, den grauen Haarlöckchen darunter und der kleinen
rauchenden Lampe in der Hand. Wirklich wunderschön,
dachte ich und lächelte der heiligen Anna zu, die mich
streng anherrschte: »Sechs Uhr. Es wird höchste Zeit. Auf
dem Schreibtisch steht eine Schale Milch.« Ich sprang aus
dem Pyjama und in eine Wanne mit kaltem Wasser wie eine englische Lady in französischen Romanen. Die Concierge, überzeugt, dass mir Kerker und Tod durchs Bajonett
bevorstanden, stieß die Fensterläden auf und ließ das kalte,
klare Morgenlicht herein. Auf dem Fluss tutete ein kleiner
Dampfer; ein Karren mit zwei galoppierenden Pferden rat-
terte vorbei. Das rasche, strudelnde Wasser; die hohen
schwarzen Bäume auf der anderen Seite, dicht beieinan-
der wie Neger im Gespräch. Unheil verkündend, sehr,
dachte ich, während ich meinen uralten Burberry zuknöpf-
te. (Dieser Burberry war höchst bedeutungsvoll. Er gehörte
mir gar nicht. Ich hatte ihn von einer Freundin geliehen,
nachdem ich ihn in ihrem kleinen, dunklen Flur entdeckt
hatte. Genau das Richtige! Ein alter Burberry – die ideale
und angemessene Verkleidung. Löwen hatte man in einem
Burberry ins Auge geblickt. Ladies, in nichts als einen Burberry gehüllt, waren auf haushoher See aus offenen Booten
gerettet worden. Ein alter Burberry ist Zeichen und Zeug-
nis des unbestreitbar an Erfahrung reichen Reisenden, beschloss ich, und ließ meinen violetten, an Kragen und

Manschetten mit echtem Seehund besetzten Mantel von der Stange als Pfand zurück.)

»Das schaffen Sie nie«, sagte die Concierge, während sie zusah, wie ich den Mantelkragen hochschlug. »Nie und nimmer!« Ich lief durch das hallende Treppenhaus – merkwürdig klang es, wie ein Klavier, über das ein verschlafenes Dienstmädchen schnippt – und hinaus auf den Quai. »Warum so eilig, *ma mignonne*?«, rief ein reizender Kleiner in bunten Socken und tänzelte vor den elektrischen Lotusblüten, die sich über den Metro-Eingang rankten. Ach! Ich hatte nicht einmal Zeit, ihm eine Kusshand zuzuwerfen. Als ich den riesigen Bahnhof erreichte, blieben mir noch genau vier Minuten, und der Aufgang zum Bahnsteig war schwarz von Soldaten mit gelben Einberufungsbefehlen in einer Hand und großen, unordentlichen Bündeln. Der Polizeikommissar stand auf der einen Seite, ein namenloser Beamter auf der anderen. Wird er mich durchlassen? Ja? Es war ein alter Mann, dessen dickes, verquollenes Gesicht mit großen Warzen bedeckt war. Auf der Nase trug er eine Hornbrille. Zitternd machte ich einen Vorstoß. Ich zauberte mein lieblichstes Morgenlächeln hervor und reichte es ihm mit meinen Papieren. Aber das zerbrechliche Etwas prallte gegen seine Hornbrille und stürzte ab. Trotzdem ließ er mich durch, und ich lief, lief zwischen den Soldaten hindurch die steile Treppe hinauf und direkt in das gelb gestrichene Zugabteil.

»Fährt der Zug durch bis X?«, fragte ich den Schaffner, der mein Billett mit einer Zange bearbeitete, bevor er es mir zurückgab.

»Nein, Mademoiselle, Sie müssen in XYZ umsteigen.«

»In …?«

»In XYZ.«

Ich hatte ihn noch immer nicht verstanden. »Und wann kommen wir dort an, bitte?«

»Um ein Uhr.« Aber das nützte mir nichts. Ich hatte keine Uhr. Na ja – kommt Zeit, kommt Rat.

Endlich! Der Zug setzte sich in Bewegung. Der Zug war auf meiner Seite. Er rollte aus dem Bahnhof, und bald ließen wir die Schrebergärten hinter uns, die hohen, blinden Mietshäuser, die Teppich klopfenden Dienstboten. Die Sonne war schon auf und in den Feldern unterwegs; rosig im Widerschein der Flüsse und der rotumrandeten Teiche entdeckte sie den rollenden Zug, streichelte meinen Muff und riet mir, den Burberry auszuziehen. Ich war nicht allein im Abteil. Eine alte Frau saß mir gegenüber, den Rocksaum über die Knie hochgeschlagen, eine schwarze Spitzenhaube auf dem Kopf. In ihren dicken, mit einem Ehering und zwei Trauerringen geschmückten Händen hielt sie einen Brief. Langsam, ganz langsam kostete sie einen Satz, hob den Kopf und blickte mit leicht bebenden Lippen aus dem Fenster, und dann den nächsten Satz, und wieder wandte sie das greise Gesicht zum Licht und probierte ihn … Zwei Soldaten lehnten aus dem Fenster, ihre Köpfe berührten sich fast –, der eine pfiff vor sich hin, der andere hatte seinen Mantel mit ein paar rostigen Sicherheitsnadeln zugesteckt. Und nun sah man überall an der Eisenbahnlinie entlang Soldaten arbeiten; sie lehnten an Lastwagen oder standen da, die Hand in die Hüfte gestützt, die Augen auf den Zug geheftet, als erwarteten sie mindestens eine Kamera an jedem Fenster. Und jetzt fuhren wir an großen Holzschuppen vorbei, die wie improvisierte Tanzzelte oder Strandpavillons aussahen, jeder mit einer Fahne obendrauf.

Sanitäter gingen ein und aus; Verwundete saßen an die Wände gelehnt und sonnten sich. An jeder Brücke, jedem Bahnübergang, jedem Bahnhof ein *petit soldat*, nichts als Stiefel und Bajonett. Verloren und verlassen sah er aus – wie eine kleine Karikatur, die nur auf eine witzige Textzeile wartet. Gibt es so etwas wie Krieg überhaupt? Ziehen alle diese lachenden Stimmen wirklich in den Krieg? Diese dunklen Wälder, in denen die weißen Stämme der Birken und Eschen so geheimnisvoll leuchten – diese sumpfigen Felder, über die Schwärme großer Vögel ziehen – diese Flüsse, in denen sich das Licht grün und blau fängt – sind hier wirklich Schlachten geschlagen worden?

Was für wunderschöne Friedhöfe wir passieren! Sie blitzen fröhlich in der Sonne. Anscheinend stehen sie voller Kornblumen und Klatschmohn und Ringelblumen. Woher kommen nur so viele Blumen zu dieser Jahreszeit? Doch es sind gar keine Blumen. Es sind bunte Schleifen, die man auf den Gräbern der Soldaten befestigt hat.

Ich sah auf, und mein Blick traf den der alten Frau. Sie lächelte und faltete ihren Brief zusammen. »Von meinem Sohn – der erste seit Oktober. Ich nehme ihn mit zu meiner Schwiegertochter.«

»…?«

»Ja, sehr gut«, sagte die alte Frau, schlug den Rock zurück und fuhr mit dem Arm durch den Henkel ihres Korbes. »Er möchte, dass ich ihm ein paar Taschentücher schicke und ein Stück ordentlichen Bindfaden.«

Wie heißt die Station, wo ich umsteigen muss? Vielleicht erfahre ich es nie. Ich stand auf und lehnte mich, die Füße gekreuzt, mit beiden Armen auf die Fensterbank. Eine Wange war sonnverbrannt, wie als Kind, wenn man an die See fuhr. Wenn der Krieg vorbei ist, besorge ich mir einen Kahn und schippere in Gesellschaft einer weißen Katze und mit einem Topf voller Reseden auf diesen Flüssen entlang.

Truppen marschierten einen Abhang hinunter und blinkten rot und blau in der Sonne. Weit in der Ferne, aber deutlich zu erkennen, flogen andere auf Fahrrädern vorbei. Aber hör mal, *ma France adorée*, diese Uniform ist ziemlich abgeschmackt. Deine Soldaten sind dir wie ein grelles, provozierendes Abziehbild auf die Brust gestempelt.

Der Zug fuhr langsamer, hielt … Alle außer mir stiegen aus. Die Holzpantinen an einem Bindfaden über den Rücken geschlungen, das Innere seines emaillierten Weinbechers ein herrliches, unwahrscheinliches Rot, blickte mich ein großer Junge sehr freundlich an. Muss man hier vielleicht umsteigen nach X? Ein zweiter, dessen Käppi aus einem feuchten Knallbonbon gekommen war, setzte mit Schwung meinen Koffer auf die Erde. Was für liebe Kerle Soldaten sind! »*Merci bien, Monsieur, vous êtes tout á fait aimable …*« – »Kein Durchgang«, sagte ein Bajonett. »Kein Durchgang«, sagte ein zweites. Also schloss ich mich dem Strom an. »Ihren Pass, Mademoiselle …« – »*Wir, Sir Edward Grey …*« Ich lief über den schlammigen Platz und direkt in ein Gasthaus.

Ein grüner Raum mit einem riesigen Ofen und Tischen an beiden Seiten. An der Theke mit den hübschen, bunten Flaschen lehnt eine Frau, die Brüste in die verschränkten Arme gebettet. Durch eine offene Tür kann ich in die Küche sehen, wo der Koch in seiner weißen Jacke Eier in eine Schüssel schlägt und die Schalen in die Ecke wirft. Die blauroten Uniformjacken der Männer, die hier essen, hängen an der Wand. Ihre Bajonette und Gürtel liegen auf den Stühlen gestapelt. Himmel! Was für ein Krach. Die durchsonnte Luft war wie aufgewirbelt und zitterte förmlich. Ein kleiner, sehr blasser Servierjunge eilte flink von Tisch zu Tisch, nahm Bestellungen entgegen und schenkte mir ein Glas bläulichen Kaffee ein. *Zssssch* machten die Eier. Sie saßen in einer Pfanne. Die Frau kam plötzlich hinter dem Tresen hervor und ging dem Jungen zur Hand. »*Toute de suite, tout' suite!*«, erwiderte sie zwitschernd den lauten, ungeduldigen Stimmen. Tellergeklapper war zu hören und das dumpfe Pop-pop von knallenden Korken.

Plötzlich sah ich jemanden mit einem Eimer Fische im Türrahmen stehen – braunen, gesprenkelten Fischen, wie man sie in Aquarien durch Wälder von wunderschönen gepressten Algen schwimmen sieht. Ein alter Mann in einer schäbigen Jacke stand in der Tür und wartete demütig, dass sich jemand um ihn kümmerte. Der spärliche Bart fiel ihm auf die Brust, die Augen unter den buschigen Augenbrauen waren auf den Eimer in seiner Hand gerichtet. Er sah aus, als sei er einem Heiligenbild entsprungen und bitte die Soldaten um Vergebung, dass er überhaupt da war …

Aber was hätte ich tun sollen? Ich konnte schließlich nicht mit zwei frischen Fischen in X ankommen; und bestimmt macht man sich in Frankreich strafbar, wenn man Fische aus einem Eisenbahnabteilfenster wirft, dachte ich, während ich bedrückt in einen kleineren, schäbigeren Zug stieg. Vielleicht hätte ich sie – *ah, mon Dieu* – ich hatte den Namen meines Onkels und meiner Tante schon wieder vergessen! Buffard, Buffon – wie war er doch noch? Zum x-ten Mal las ich den unvertrauten Brief in der vertrauten Handschrift.

»Meine liebe Nichte,

jetzt, wo das Wetter beständiger ist, wären dein Onkel und ich hocherfreut, wenn du uns einen kleinen Besuch abstatten würdest. Telegraphiere mir, wann du kommst. Ich werde dich am Bahnhof erwarten, wenn ich Zeit habe. Sonst wird dich unsere gute Freundin, Madame Grinçon, abholen, die in dem kleinen Zollhaus an der Brücke wohnt, *juste en face de la gare. Je vous embrasse bien tendrement.*

Julie Boiffard.«

Eine Visitenkarte war beigefügt: *M. Paul Boiffard.*

Boiffard – natürlich, so hießen sie. *Ma tante Julie et mon oncle Paul* – plötzlich hatte ich sie vor Augen, lebensechter, wirklichkeitsnaher als alle Verwandten, die ich je gehabt hatte. Ich sah *tante Julie* stolzgeschwellt mit der Suppenterrine in den Händen und *oncle Paul* mit einer rotweißkarierten Serviette um den Hals am Tisch. Boiffard – Boiffard – ich darf den Namen nicht vergessen. Angenommen, der Commissaire Militaire fragt mich, wie die Verwandten, die ich besuchen will, heißen, und ich bringe die Namen durcheinander – ach, eine Katastrophe! Buffard – nein, Boiffard. Und dann entdeckte ich, als ich Tante Julies Brief zusammenfaltete, in eine Ecke auf die leere Rückseite gekritzelt, zum ersten Mal die Worte: *»Venez vite, vite.«* Merkwürdiges, impulsives Frauenzimmer! Mein Herz begann zu klopfen …

»Ah, nun ist es nicht mehr weit«, sagte die Dame mir gegenüber. »Sie fahren nach X, Mademoiselle?«

»*Oui, Madame.*«

»Ich auch … Waren Sie schon mal dort?«

»Nein, Madame. Dies ist das erste Mal.«

»Wahrhaftig, ein merkwürdiger Zeitpunkt für einen Besuch.«

Ich lächelte schwach und bemühte mich, den Blick von ihrem Hut fernzuhalten. Sie war eine durch und durch alltägliche kleine Frau, aber sie trug eine schwarze Samtkappe, auf der eine unerhört verdutzt aussehende Möwe thronte. Ihre forschend auf mich gerichteten Knopfaugen waren beinahe nicht zu ertragen. Ich hatte das schreckliche Bedürfnis, sie fortzuscheuchen oder mich vorzubeugen und die Frau von ihrer Anwesenheit zu unterrichten …

»*Excusez-moi, Madame*, aber womöglich haben Sie gar nicht bemerkt, dass da *une espèce de* Möwe *sur votre chapeau* sitzt.«

Saß der Vogel dort vielleicht mit Absicht? Ich darf nicht lachen … ich darf nicht lachen! Hatte sie sich jemals mit diesem Vogel auf dem Kopf im Spiegel betrachtet?

»Es ist sehr schwierig im Moment, vom Bahnhof aus nach X hineinzukommen«, sagte sie und schüttelte den Kopf mit der Möwe drauf. »Ach, ein furchtbarer Umstand. Man muss eine Unterschrift leisten und den Zweck seiner Reise angeben.«

»Wirklich? Ist es tatsächlich so schlimm?«

»Und ob! Schließlich hat das Militär den ganzen Ort besetzt, und« – sie zuckte die Achseln – »die müssen rigoros sein. Die meisten Leute kommen über den Bahnhof gar nicht hinaus. Sie kommen an. Man schiebt sie in den Wartesaal ab, und da bleiben sie.«

Schwang in ihrer Stimme eine gewisse boshafte Genugtuung mit, oder täuschte ich mich?

»Ich vermute, diese Rigorosität ist unumgänglich«, sagte ich kühl und streichelte meinen Muff.

»Unumgänglich?«, rief sie. »Das kann man wohl sagen! Sie haben ja keine Vorstellung, Mademoiselle, wie es sonst zuginge! Sie wissen ja, wie Frauen sind, wenn es um Soldaten geht« – ihre Handbewegung duldete keinen Widerspruch –, »verrückt, total verrückt. Aber –« und hier stieß sie ein kleines triumphierendes Lachen aus – »nach X kommen sie nicht hinein. *Mon Dieu*, nein! Es ist ganz ausgeschlossen.«

»Sie werden es wohl gar nicht erst versuchen«, sagte ich.

»So?«, sagte die Möwe.

Madame schwieg einen Moment. »Natürlich greifen die Behörden scharf durch. Den Männern droht sofortige Verhaftung und dann – ohne viel Federlesens ab an die Front.«

»Was wollen *Sie* denn in X?«, fragte die Möwe. »Was haben *Sie* denn hier verloren?«

»Bleiben Sie länger in X, Mademoiselle?«

Sie hatte gesiegt, auf der ganzen Linie gesiegt. Ich geriet in Panik. Ein Laternenpfahl mit dem verhängnisvollen Namen darauf glitt am Zug vorbei. Ich hatte Mühe zu atmen – der Zug hielt. Ich lächelte Madame vergnügt zu und schritt tänzelnd die Stufen zum Bahnsteig hinunter …

Es war ein überhitzter, möblierter kleiner Raum mit einem Oberst hinter jedem der beiden Tische. Zwei behäbige Männer mit grauen Schnauzbärten und kupferrot verbrannten Backen. Imponierend und allgewaltig sahen sie aus. Der eine rauchte, was Damen mit Vorliebe schwere ägyptische Zigaretten nennen, mit langer, cremefarbener Asche; der andere spielte mit einem goldenen Drehbleistift. Ihre Köpfe saßen wie dicke, überreife Früchte auf den engen Kragen. Während ich meinen Pass und meine Fahrkarte aushändigte, hatte ich das schreckliche Gefühl, ein Soldat werde vortreten und mir befehlen, niederzuknien. Ich hätte anstandslos gehorcht.

»Was soll denn das heißen?«, sagte Gott I unwirsch. Mein Pass gefiel ihm gar nicht. Der bloße Anblick schien ihn zu verstimmen. Er fuhr mit wegwerfender Handbewegung darüber hin und setzte eine *Non, je ne peux pas manger ça*-Miene auf.

»Ausgeschlossen. Völlig ausgeschlossen. Hier – sehen Sie sich das an«, und er betrachtete mit äußerstem Widerwillen mein Foto und richtete dann mit noch größerem Widerwillen seine kieselrunden Augen auf mich.

»Natürlich ist das Foto beklagenswert«, sagte ich und wagte in meiner Panik kaum zu atmen, »aber es ist auch immer wieder abgestempelt worden.«

Er erhob sich zu voller Größe und ging zu Gott II hinüber.

»Nur Mut!«, sagte ich zu meinem Muff und hielt mich an ihm fest, »nur Mut!«

Gott II richtete einen Finger auf mich, und ich zückte Tante Julies Brief und ihre Karte. Aber er zeigte nicht das mindeste Interesse daran. Lässig drückte er einen Stempel in meinen Pass, kritzelte einen Vermerk auf meine Fahrkarte, und ich war wieder draußen auf dem Bahnsteig.

»Hier entlang – zum Ausgang hier entlang.«

Schrecklich blass, mit einem zögernden Lächeln auf den Lippen, stand der kleine Korporal da und salutierte. Ich ließ mir nichts anmerken, ich bin sicher, dass ich mir nichts anmerken ließ. Er trat hinter mich.

»Und dann komm hinter mir her, als kennten wir uns nicht«, hörte ich ihn halb flüstern, halb singen.

Wie rasch er durch den schlüpfrigen Matsch auf die Brücke zuging. Er hatte eine Postbotentasche über der Schulter, ein Paket und den *Matin* unterm Arm. Wir mussten uns durch ein Labyrinth von Polizisten hindurchschlängeln, und ich war außerstande, mit dem kleinen Korporal, der nun zu pfeifen begann, Schritt zu halten. Die Hände in einen Schal gewickelt, beobachtete »unsere gute Freundin Madame Grinçon« vom Zollhaus aus unser Kommen, und gegen das Zollhaus gelehnt stand ein winziges, schwindsüchtiges Gefährt. »*Montez-vite, vite!*«, sagte der kleine Korporal und schleuderte meinen Koffer, die Postbotentasche, das Paket und den *Matin* auf den Boden des Wagens.

»Aie! Aie! Seien Sie doch kein Narr! Steigen Sie nicht mit ein! Man wird Sie sehen«, jammerte unsere gute Freundin, Madame Grinçon.

»*Ah, je m'en f…*«, sagte der kleine Korporal.

Der Kutscher legte sich ins Zeug. Er hieb auf den knochigen Gaul ein, und in rasender Jagd ging es dahin, während beide Türen, die die ganze Seitenwand der Droschke ausmachten, im Wind auf- und zuschlugen.

»*Bon jour, mon amie.*«

»*Bon jour, mon ami.*«

Und dann stürzte er sich vor und klammerte sich an die klappernden Türen. Sie wollten sich nicht schließen lassen. Es waren idiotische Türen.

»Lehn dich zurück, lass mich das machen!«, rief ich. »Es wimmelt hier nur so von Polizei.«

Vor der Kaserne bäumte sich das Pferd auf und kam zum

Stand. Im Fenster drängte sich eine Gruppe lachender Gesichter.

»*Prends ça, mon vieux*«, sagte der kleine Korporal und reichte das Paket hinaus.

»Alles in Ordnung«, rief jemand.

Wir winkten und waren auf und davon. Den Fluss entlang, durch eine merkwürdig weiße Gasse mit kleinen Häuschen zu beiden Seiten, lustig im späten Sonnenlicht.

»Spring raus, sobald der Wagen hält. Die Haustür steht offen. Lauf rein. Ich komme nach. Der Mann ist schon bezahlt. Das Haus wird dir gefallen. Es ist ganz weiß, und das Zimmer ist auch weiß, und die Leute sind –«

»Weiß wie Schnee.«

Wir sahen uns an und brachen in Gelächter aus. »Jetzt«, sagte der kleine Korporal.

Ich stürzte hinaus und zur Tür hinein. Da stand vermutlich meine Tante Julie. Und im Hintergrund wartete, wie ich schloss, mein Onkel Paul.

»*Bon jour, Madame!*« »*Bon jour, Monsieur!*«

»Alles in Ordnung, Sie sind in Sicherheit«, sagte meine Tante Julie. Himmel, wie ich sie dafür liebte! Und sie öffnete die Tür zum weißen Zimmer und schloss sie hinter uns. Fort mit dem Koffer, mit der Postbotentasche, mit dem *Matin*. Ich warf meinen Pass in die Luft, und der kleine Korporal fing ihn auf.

II

Wie sonderbar. Wir hatten dort jeden Tag zu Mittag und zu Abend gegessen; aber jetzt allein in der Dämmerung konnte ich es nicht wiederfinden. Ich klapp-klapperte in meinen geliehenen *sabots* durch den klebrigen Matsch bis ans äußerste Ende des Dorfes, aber es war vom Erdboden verschwunden. Ich erinnerte mich nicht einmal, wie es aussah oder ob außen der Name dranstand oder Flaschen und Tische durchs Fenster zu sehen waren. Schon wurden die Häuser des Dorfes mit großen hölzernen Fensterläden für die Nacht verriegelt. Fremd und geheimnisvoll wirkten sie in dem diffusen, verschwimmenden Licht und dem Nieselregen, wie eine Horde Bettler hockten sie auf der Anhöhe, den Busen voll reicher, unrechtmäßiger Beute. Außer den Soldaten war niemand zu sehen. Unter einem Laternenpfahl standen ein paar Verwundete und streichelten einen räudigen, zitternden Hund. Vier kräftige Burschen kamen singend die Straße entlang –

»*Dodo, mon homme, fais vit' dodo* ...«

und schwenkten den Hügel hinab zu ihren Unterkünften hinterm Bahnhof. Es kam mir vor, als ginge mit ihrem Verschwinden dem Tag der Atem aus. Ich begann, langsam zurückzugehen.

»Es muss eins von diesen Häusern gewesen sein. Ich weiß genau, es stand abseits der Straße – und es hatte keine Stufen, nicht mal einen rechten Eingang, es war, als trete man direkt durchs Fenster hinein.« Und dann kam ganz plötzlich der kleine Servierjunge aus genau solch einem Haus heraus. Er sah mich, grinste freundlich und begann, durch die Zähne zu pfeifen.

»*Bon soir, mon petit.*«

»*Bon soir, Madame.*« Und er folgte mir durchs Lokal bis zu unserem Spezialtisch ganz hinten am Fenster, auf dem in einem Glas ein Veilchenstrauß stand, den ich gestern dort hatte stehen lassen.

»Für zwei?«, fragte der Junge und wedelte mit einem rotweißkarierten Tuch über den Tisch. Seine langen wiegenden Schritte hallten auf den bloßen Dielen. Er verschwand in der Küche und kam zurück, um die Lampe anzuzünden, die unter einem wie ein Erntehut ausladenden Schirm von der Decke hing. Ein warmes Licht verbreitete sich im leeren Raum, der eigentlich eine mit ein paar wackligen Tischen und Stühlen ausgestattete Scheune war. Dis in seine Mitte ragte ein schwarzer Ofen. An einer Seite stand ein Tisch mit einer Reihe Flaschen drauf, hinter dem Madame saß, kassierte und Eintragungen in einem roten Buch vornahm. Ihrem Tisch gegenüber führte eine Tür in die Küche. Die Wände waren mit einer cremefarbenen, über und über mit grünen geschwollenen Bäumen gemusterten Tapete beklebt – Hunderte und Aberhunderte von Bäumen reckten ihre Pilzköpfe zur Decke. Ich fragte mich, wer die Tapete wohl ausgesucht hatte und warum. Fand Madame, sie sei schön oder es sei lustig und erheiternd, sein Mittagessen zu allen Jahreszeiten mitten im Wald einzunehmen ... Zu beiden Seiten der Uhr hing ein Bild; auf dem ersten ein junger Mann in Röhrenhosen, der über die Lehne eines Gartenstuhls eine birnenförmige Dame in Gelb anhimmelte: *Premier Rencontre*; auf dem zweiten Gelb und Schwarz in leidenschaftlicher Verstrickung: *Triomphe d'Amour*.

Die Uhr tickte in beruhigendem Rhythmus: *C'est ça,*

c'est ça. In der Küche wusch der Servierjunge ab. Ich hörte das geisterhafte Geklapper des Geschirrs.

Und die Jahre vergingen. Vielleicht ist der Krieg längst vorbei – es gibt draußen gar kein Dorf – die Straßen ruhen still unterm Gras. Ich habe eine Ahnung, dass man so vielleicht den allerletzten Tag verbringt in einem leeren Lokal, dem Ticken der Uhr lauschend, bis …

Madame kam durch die Küchentür, nickte mir zu und nahm ihren Platz hinter dem Tisch wieder ein, die plumpen Hände über dem roten Buch gefaltet. *Ping* machte die Tür. Eine Handvoll Soldaten kam herein. Sie zogen die Mäntel aus und fingen an, Karten zu spielen, wobei sie flachsten und den hübschen Servierjungen aufzogen, der den kleinen runden Kopf zurückwarf, sich den dichten Pony aus den Augen strich und ihnen mit seiner gebrochenen Stimme Kontra gab. Manchmal kam ihm die Stimme dröhnend aus der Kehle, tief und rau, und dann brach sie plötzlich mitten im Satz und zerbarst in ein komisches Quieken. Es schien ihm selbst Spaß zu machen. Es hätte niemanden überrascht, wenn er auf den Händen in die Küche gewandert wäre und einem das Essen mit einem Salto serviert hätte.

Ping machte die Tür noch einmal. Zwei Männer kamen herein. Sie setzten sich an den Tisch, der Madame am nächsten stand, und sie beugte sich ihnen mit einer vogelartigen Bewegung zu, den Kopf zur Seite gelegt. Ach, die beiden hatten Sorgen! Der Leutnant war ein Trottel – schnüffelte herum – immer auf der Lauer – und dabei hatten sie nur Knöpfe angenäht. Ja, das war alles – Knöpfe angenäht, und da kommt dieser junge Schnösel daher. »Also, was geht hier vor?« Sie imitierten seine lächerliche

Stimme. Madame zog die Mundwinkel herab und nickte verständnisvoll. Der Servierjunge brachte Gläser. Er nahm eine Flasche mit orangefarbener Flüssigkeit und stellte sie auf die Tischkante. Ein Aufschrei unter den Kartenspielern ließ ihn herumfahren. *Bums* fiel die Flasche um und ergoss sich über den Tisch, den Fußboden und zersprang *peng* in tausend Scherben. Verblüfftes Schweigen. Durch die Stille das Tröpfeln des Weins auf den Fußboden. Es sah merkwürdig aus, wie er so sinnig herabtröpfelte, als weine der Tisch. Dann brachen die Kartenspieler in Gejohle aus. »Du kannst was erleben, Kleiner! Nur weiter so! Jetzt ist es passiert! ... *Sept, huit, neuf.*« Sie setzten ihr Spiel fort. Der Servierjunge sagte kein Wort. Er stand da, mit hängendem Kopf und gespreizten Händen, dann kniete er nieder, sammelte die Scherben Stück für Stück ein und wischte den Wein mit einem Lappen auf. Erst als Madame schadenfroh rief, »Na warte, bis *er* dahinterkommt«, hob er den Kopf.

»Er kann gar nichts sagen, wenn ich dafür bezahle«, murmelte er mit zuckendem Gesicht und verschwand mit dem tropfenden Lappen in die Küche.

»*Il pleure de colère*«, sagte Madame entzückt und schob sich mit ihrer plumpen Hand das Haar zurecht.

Nach und nach füllte sich das Lokal. Es wurde sehr warm. Blauer Rauch stieg von den Tischen auf und hing in Dunstringen um den Erntehut. Ein erstickender Geruch von Zwiebelsuppe, Stiefeln und feuchtem Uniformtuch lag in der Luft. Durch den Lärm war erneut das Bimmeln der Tür zu hören. Sie ging auf, und ein schmächtiges Bürschchen trat ein, lehnte sich mit dem Rücken dagegen und beschattete die Augen mit der Hand.

»Hallo! Du bist ja den Verband los!«

»Wie kommst du dir vor, *mon vieux*?«

»Lass dich mal ansehen.«

Aber er gab keine Antwort. Er zuckte die Achseln und ging mit unsicheren Schritten an einen Tisch, nahm Platz und lehnte sich gegen die Wand. Langsam fiel seine Hand herab. Aus seinem weißen Gesicht starrten aufgerissene Augen, rot wie Kaninchenaugen. Sie füllten sich mit Tränen, gingen über, füllten sich und gingen über. Er zog ein weißes Taschentuch aus der Tasche und wischte die Tränen ab.

»Das liegt am Rauch«, sagte einer. »Der Rauch reizt die Augen.«

Seine Kameraden sahen ihm eine Weile zu, sahen zu, wie seine Augen sich immer wieder füllten und überliefen. Das Wasser lief ihm übers Gesicht und tropfte vom Kinn auf den Tisch. Er wischte es mit dem Mantelärmel auf und wischte dann, wie in Gedanken, immer weiter, wischte mit der Hand über den Tisch und starrte vor sich hin. Und dann begann er, im Takt dazu mit dem Kopf zu nicken. Er gab ein lautes, eigentümliches Stöhnen von sich und zog das Taschentuch wieder hervor.

»*Huit, neuf, dix*«, sagten die Kartenspieler.

»*P'tit*, mehr Brot.«

»Zwei Kaffee.«

»*Un Picon!*«

Der Junge hatte sich wieder erholt, lief aber mit hochroten Backen hin und her. Ein lautstarker Streit brach unter den Kartenspielern aus, wütete zwei Minuten und legte sich dann unter aufflackerndem Gelächter. »Ach!«, stöhnte der Mann mit den Augen, schaukelnd und wischend. Aber niemand nahm mehr Notiz von ihm, außer Madame. Sie zog den beiden Soldaten an ihrer Seite ein Gesicht.

»*Mais vous savez, c'est un peu dégoûtant, ça*«, sagte sie streng.

»*Ah, oui, Madame*«, antworteten die Soldaten, starrten auf ihren schräg gelegten Kopf und ihre hübschen Hände und sahen zu, wie sie zum hundertsten Mal die Spitzenrüsche an ihrem üppigen Busen zurechtzupfte.

»*V'là, Monsieur!*«, krächzte der Junge mir über die Schulter zu. Aus irgendeinem albernen Grund tat ich, als hörte ich ihn nicht, und beugte mich über die Veilchen auf dem Tisch, bis sich die Hand des kleinen Korporals über meine legte.

»Wollen wir mit *un peu de charcuterie* anfangen?«, fragte er zärtlich.

III

»In England«, sagte der blauäugige Soldat, »trinkt man Whisky zum Essen. *N'est-ce pas, Mademoiselle?* Ein kleines Gläschen Whisky pur vorm Essen. Whisky mit Soda zum *biftek*, und nachher noch mehr Whisky, mit heißem Wasser und Zitrone.«

»Stimmt das?«, fragte sein Busenfreund ihm gegenüber, ein riesiger, rotgesichtiger Bursche mit schwarzem Bart, großen feuchten Augen und Haaren, die aussahen, als seien sie mit der Mähmaschine geschnitten worden.

»Na ja, nicht ganz«, sagte ich.

»*Si, si*«, rief der blauäugige Soldat. »Ich muss es wissen. Ich habe geschäftlich mit ihnen zu tun. Die Engländer kommen zu mir, und es ist immer dasselbe.«

»Bah, ich kann Whisky nicht ausstehen«, sagte der kleine Korporal. »Am nächsten Morgen ist man nicht zu gebrauchen. Erinnerst du dich an den Whisky in der kleinen Bar auf Montmartre, *ma fille?*«

»*Souvenir tendre*«, seufzte Blaubart, schob zwei Finger in den Aufschlag seiner Uniform und ließ den Kopf sinken. Er war sehr betrunken.

»Aber ich kenne einen Schnaps, den Sie noch nie getrunken haben«, sagte der blauäugige Soldat und zeigte mit dem Finger auf mich, »etwas ganz Feines.« Er schnalzte mit der Zunge. »*E-patant!* Und das Komische ist, dass man ihn von Whisky kaum unterscheiden kann, außer dass er«– er suchte mit der Hand nach dem Wort –»edler ist, süßer vielleicht, nicht so scharf, und am nächsten Morgen ist man mopsfidel.«

»Wie heißt er?«

»Mirabelle!« Er ließ das Wort im Mund herumrollen, unter der Zunge. »Aaah, unübertrefflich.«

»Ich könnte noch einen Pilz essen«, sagte Blaubart. »Ich möchte gern noch einen Pilz. Ich bin sicher, ich könnte noch einen Pilz essen, wenn Mademoiselle mich damit füttern würde.«

»Sie müssen ihn mal probieren«, sagte der blauäugige Soldat, stützte beide Hände auf den Tisch und sprach in so ernsthaftem Ton, dass ich Zweifel bekam, ob er viel nüchterner war als Blaubart. »Sie müssen ihn probieren, und zwar noch heute. Ich möchte wissen, ob Sie auch finden, dass er wie Whisky schmeckt.«

»Vielleicht gibt es hier welchen«, sagte der kleine Korporal und rief nach dem Jungen. »*P'tit!*«

»*Non, Monsieur*«, sagte der Junge, der nicht aufhörte zu

lächeln. Er servierte uns Dessertteller, die mit blauen Papageien und gehörnten Käfern bemalt waren.

»Wie heißt das auf Englisch?«, fragte Blaubart und zeigte mit dem Finger darauf. Ich erklärte ihm: »Parrot«.

»Ah, *mon Dieu!*« … Parrot … Er legte die Arme um seinen Teller. »Ich liebe dich, *ma petite* Pair-rot. Du bist süß, du bist blond, du bist englisch. Du weißt nicht, was der Unterschied zwischen Whisky und Mirabelle ist.«

Der kleine Korporal und ich sahen uns lachend an. Er kniff die Augen zusammen beim Lachen, so dass man nichts sah als die langen, gebogenen Wimpern.

»Also, ich kenne ein Lokal, wo es welchen gibt«, sagte der blauäugige Soldat. »*Café des Amis.* Wir gehen hin – ich bezahle – ich bezahle für alle.« Seine großzügige Geste beinhaltete Unsummen von Gold.

Aber mit lautem, schnarrenden Klang schlug die Uhr an der Wand halb neun; und nach acht Uhr abends darf kein Soldat mehr ein Lokal betreten.

»Sie geht vor«, sagte der blauäugige Soldat. Die Uhr des kleinen Korporals bestätigte es. Wie auch die gewaltige Zwiebel, die Blaubart hervorzog und sorgfältig auf den Kopf eines der gehörnten Käfer platzierte.

»Ach was, wir lassen's drauf ankommen«, sagte der blauäugige Soldat und fuhr mit dem Arm in seinen viel zu großen Pappmantel. »Es lohnt sich«, sagte er. »Es lohnt sich. Wartet's nur ab.«

Draußen blinkten Sterne zwischen Wolkenfetzen, und der Mond zuckte wie eine Kerzenflamme über der Kirchturmspitze. Die Schatten der dunklen, federbuschartigen Bäume schwankten auf den weißen Häusern. Keine Menschenseele war zu sehen. Kein Sterbenslaut zu hören, außer dem *schhh – schhh* eines Zugs in der Ferne, der wie ein riesiges, im Schlaf schlürfendes Tier klang.

»Du frierst«, flüsterte der kleine Korporal. »Du frierst, *ma fille.*«

»Nein, bestimmt nicht.«

»Aber du zitterst.«

»Ja, aber ich friere nicht.«

»Wie sind die Frauen in England?«, fragte Blaubart. »Nach dem Krieg gehe ich nach England. Ich suche mir eine kleine englische Frau und heirate sie – und ihren *Pair-rot.*« Er prustete laut vor Lachen.

»Idiot!«, sagte der blauäugige Soldat und schüttelte ihn; dann beugte er sich zu mir. »Man schmeckt es eigentlich erst nach dem zweiten Glas«, flüsterte er. »Das zweite kleine Gläschen und dann – ah! –, dann weiß man Bescheid.«

Das »Café des Amis« schimmerte im Mondlicht. Wir warfen einen schnellen Blick die Straße hinauf und hinunter, liefen die vier Holzstufen hinauf und öffneten die scheppernde Glastür, die in einen niedrigen, von einer Hängelampe erleuchteten Raum führte, in dem ungefähr zehn Leute beim Essen waren. Sie saßen auf zwei Bänken an einem schmalen Tisch.

»Soldaten!«, kreischte eine Frau und sprang hinter einer weißen Suppenterrine auf – eine Vogelscheuche von Frau in einem schwarzen Umschlagtuch. »Soldaten! Um diese Zeit! Seht doch bloß mal auf die Uhr!« Und sie deutete mit der tropfenden Suppenkelle auf die Uhr.

»Die geht vor«, sagte der blauäugige Soldat. »Die geht vor, Madame. Und machen Sie nicht solchen Lärm, ich bitte Sie. Wir trinken was, und wir gehen wieder.«

»So?«, rief sie, kam um den Tisch herumgelaufen und

pflanzte sich vor uns auf. »Das genau werdet ihr nicht tun. Stürmt hier zu nachtschlafender Zeit ins Haus einer ehrlichen Frau – macht eine Szene – und holt uns die Polizei auf den Hals. Nichts da! Nichts da! Eine Schande ist das, sonst gar nichts!«

»Scht!«, machte der kleine Korporal und hob die Hand. Totenstille. In dem Schweigen hörten wir Schritte vorbeigehen.

»Die Polizei«, flüsterte Blaubart und zwinkerte einem hübschen Mädchen mit Ohrringen zu, das ihm kokett zulächelte. »Scht!«

Alle lauschten mit erhobenen Gesichtern. »Wie schön sie aussehen!«, dachte ich. »Wie eine große Familie beim Abendmahl im Neuen Testament …« Die Schritte verklangen

»Wäre euch ganz recht geschehen, wenn sie euch geschnappt hätten«, zeterte die erboste Frau. »Schade um euretwillen, dass die Polizei nicht gekommen ist, euretwegen. Ihr habt's nicht besser verdient – ihr habt's nicht besser verdient.«

»Nur ein kleines Gläschen Mirabelle, und wir gehen.« Der blauäugige Soldat ließ nicht locker.

Unter Schimpfen und Murren nahm sie vier Gläser und eine große Flasche aus dem Schrank. »Aber ihr trinkt mir nicht hier drin. Das kommt nicht in Frage.« Der kleine Korporal lief in die Küche. »Nicht da! Nicht da! Idiot!«, rief sie. »Siehst du nicht, dass da ein Fenster ist und eine Mauer, wo die Polizei jeden Abend …«

»Scht.« Erneuter Alarm.

»Ihr seid wahnsinnig und werdet noch im Gefängnis landen – alle vier«, sagte die Frau. Sie marschierte aus der

Küche. Wir folgten ihr auf Zehenspitzen in eine dunkle, übelriechende Spülküche voller Töpfe mit fettigem Wasser, Salatblättern und abgenagten Knochen.

»Da«, sagte sie und setzte die Gläser ab. »Trinkt und verduftet.«

»Ah, endlich!« Die selige Stimme des blauäugigen Soldaten tröpfelte durch die Dunkelheit. »Was sagen Sie dazu? Hab ich's nicht gesagt? Schmeckt er nicht wie erstklassiger, *erstklas-siger* Whisky?«

1915

Miss Brill

Obwohl es so strahlend schön war – der blaue Himmel wie mit Gold bestäubt und große Lichtflecken wie Weißwein über die Jardins Publiques hingesprenkelt –, war Miss Brill froh, dass sie sich zu ihrem Pelz entschlossen hatte. Die Luft war still, aber wenn man den Mund öffnete, spürte man eine ganz leichte Kühle, wie die Kühle von einem Glas Eiswasser, bevor man daran nippte, und hin und wieder kam ein Blatt geflogen – von nirgendwo, vom Himmel. Miss Brill hob die Hand und berührte ihren Pelz. Liebes, kleines Kerlchen! Wie gut er sich anfühlte. Sie hatte ihn nachmittags aus dem Karton genommen, das Mottenpulver herausgeschüttelt, ihn tüchtig gebürstet und wieder Leben in die trüben kleinen Augen gerieben. »Was ist uns denn passiert?«, fragten die traurigen kleinen Augen. Ach, es war rührend, wie sie ihr auf der roten Daunendecke dreist wieder zublinkten! ... Aber die Nase aus diesem schwarzen Material war gar nicht mehr fest. Sie musste einen Stoß abbekommen haben. Aber keine Sorge – ein kleiner Tupfer schwarzer Siegellack, wenn die Zeit kam – wenn es unbedingt nötig war ... Kleiner Racker! Ja, so kam er ihr wirklich vor. Ein kleiner Racker, der sich direkt an ihrem linken Ohr in den Schwanz biss. Sie hätte ihn abnehmen und auf den Schoß legen und streicheln können. Ein Prickeln ging ihr durch Arme und Hände, aber das kam vermutlich vom Laufen. Und wenn sie atmete, schien sich etwas Leichtes und Trauriges – nein, eigentlich nicht Trauriges, eher Sanftes – in ihrer Brust zu bewegen.

Heute Nachmittag waren allerlei Leute unterwegs, viel mehr als am letzten Sonntag. Und die Kapelle klang lauter und munterer. Das lag am Saisonbeginn. Denn obwohl die Kapelle sonntags das ganze Jahr hindurch spielte, war es außerhalb der Saison doch anders. So als spielte jemand in der eigenen Familie vor; es kam nicht so darauf an, wie man spielte, wenn keine Fremden dabei waren. Trug der Dirigent nicht auch einen neuen Frack? Sie war sicher, der Frack war neu. Er kratzte mit dem Fuß und schlug mit den Armen wie ein Hahn, der krähen wollte, und die Musiker in dem grünen Pavillon bliesen die Backen auf und sahen starr auf ihre Noten. Jetzt kam ein kleines Flötensolo – sehr hübsch! –, eine kleine Kette perlender Töne. Das würde bestimmt wiederholt. Na, bitte! Sie hob den Kopf und lächelte.

Nur zwei Leute saßen auf ihrer ›Spezial‹-Bank: ein stattlicher alter Mann im Samtmantel, der einen riesigen, geschnitzten Wanderstock in den Händen hielt, und eine aufrecht sitzende dicke alte Frau mit einem Strickzeug auf ihrer bestickten Schürze. Sie sprachen kein Wort miteinander. Das war enttäuschend, denn auf die Unterhaltung freute Miss Brill sich immer besonders. Sie war, fand sie, inzwischen eine richtige kleine Expertin darin geworden, zuzuhören, als höre sie *nicht* zu, und sich ein Weilchen in anderer Leute Leben einzunisten, während man sich um sie herum unterhielt.

Sie sah die beiden Alten verstohlen an. Vielleicht gingen sie ja bald. Am letzten Sonntag war es auch nicht so interessant gewesen wie sonst. Ein Engländer und seine Frau, er mit einem grässlichen Panamahut, sie in Knopfstiefeln. Und sie hatte ihm die ganze Zeit in den Ohren gelegen, dass sie eine Brille brauche; sie müsse unbedingt eine Brille haben; aber es habe ja keinen Zweck, sich eine machen zu lassen; sie ginge sowieso kaputt, und sitzen würde sie auch nicht. Und er war so geduldig gewesen. Er hatte es mit allem versucht – Goldbügel, die man hinters Ohr klemmen konnte, kleine Polster am Brillensteg. Nein, er konnte ihr nichts recht machen. »Sie wird mir trotzdem von der Nase rutschen!« Miss Brill hätte sie schütteln können.

Die alten Leute saßen reglos wie Statuen auf der Bank. Nun ja, man konnte immer noch die Passanten beobachten. Auf und ab vor den Blumenrabatten und dem Musikpavillon promenierten Paare und Gruppen, hielten an, um zu grüßen oder zu plaudern oder ein Blumensträußchen von dem alten Bettler zu kaufen, der seinen Teller am Geländer befestigt hatte. Dazwischen liefen tollend und lachend kleine Kinder herum. Kleine Jungen mit großen, weißen Seidenschleifen unterm Kinn; kleine Mädchen in Samt und Spitzen, herausgeputzt wie französische Puppen. Und manchmal tauchte ein kleiner Knirps auf wackligen Beinen unter den Bäumen auf, blieb stehen, guckte und machte ›plumps‹, bis ihm seine hochhackige, zierliche Mutter wie eine junge Henne scheltend zu Hilfe kam. Andere saßen auf den Bänken und grünen Stühlen, doch waren es Sonntag für Sonntag fast immer dieselben, und beinahe alle hatten – wie Miss Brill häufig bemerkt hatte – etwas Schrulliges. Sie waren wunderlich, schweigsam, fast alle alt, und wie sie so vor sich hin starrten, sahen sie aus, als seien sie gerade aus kleinen Kammern hervorgekommen oder vielleicht sogar – aus Schränken!

Hinter dem Pavillon die schlanken Bäume mit gelben hängenden Blättern, durch sie hindurch ein schmaler Streifen Meer und dahinter der blaue Himmel mit goldgeäderten Wolken.

»Dumm-didel-dum! didel-dum! dum-didel-dum-da-da!«, machte die Kapelle.

Zwei junge Mädchen in Rot kamen vorbei, zwei junge Soldaten kamen ihnen entgegen, und sie lachten und fanden sich und gingen Arm in Arm weiter. Zwei Bauersfrauen mit komischen Strohhüten wanderten bedächtig vorbei und führten zwei hübsche rauchfarbene Esel am Zügel. Eine verfrorene, blasse Nonne huschte vorüber. Eine schöne Frau kam daher und ließ ihren Veilchenstrauß fallen, und ein kleiner Junge lief hinterher und hob ihn ihr auf und reichte ihn ihr, und sie nahm ihn entgegen und warf ihn fort, als sei er vergiftet. Du liebe Güte! Miss Brill wusste nicht, ob sie es bewundern sollte oder nicht. Und nun begegneten sich direkt vor ihr eine Hermelinkappe und ein Herr in Grau. Er war groß, steif, würdig, und sie trug eine Hermelinkappe, die sie gekauft hatte, als ihr Haar noch blond gewesen war. Jetzt hatte alles, ihr Haar, ihr Gesicht, ja sogar ihre Augen dieselbe Farbe wie der Hermelin, und die Hand in dem verwaschenen Handschuh, mit dem sie die Lippen betupfte, glich einer winzigen gelblichen Pfote. Ach, wie erfreut sie war, ihn zu sehen – geradezu entzückt. Sie hatte schon geahnt, dass sie sich heute Nachmittag begegnen würden. Sie erzählte, wo sie gewesen war – überall, hier und da, sogar am Meer. Und der Tag war so zauberhaft – fand er nicht auch? Und wollte er nicht vielleicht? … Aber er schüttelte den Kopf, zündete sich eine Zigarette an, zog daran und blies ihr den dichten Rauch ins Gesicht; und während sie noch redete und lachte, schnipste er das Streichholz fort und ging weiter. Die Hermelinkappe war allein; sie lächelte strahlender als zuvor. Doch selbst die Kapelle schien zu ahnen, wie ihr zumute war, denn sie spielte leiser, zärtlicher, und die Trommel schlug dumpf: »Der Halunke! Der Halunke!« – immer wieder. Was sie wohl tun würde? Was jetzt wohl geschah? Während Miss Brill sich das fragte, machte die Hermelinkappe kehrt, hob die Hand, als habe sie gleich da drüben jemand anderes, viel Netteres entdeckt, und trippelte davon. Und die Kapelle wechselte die Musik, spielte schneller und flotter als zuvor, und das alte Paar auf Miss Brills Bank stand auf und marschierte davon, und ein urkomischer kleiner Mann mit langem Schnurrbart hoppelte im Takt der Musik vorbei und wäre beinahe von vier nebeneinander gehenden Mädchen umgerannt worden.

Ach, wie aufregend das alles war! Wie sie alles genoss! Wie gern sie hier saß und zusah! Es war ein Schauspiel. Das reinste Schauspiel. Wer hätte behauptet, der Himmel im Hintergrund sei nicht gemalt. Aber erst als ein kleiner brauner Hund stolz dahergetrottet kam und langsam wieder davontrottete, ganz wie ein kleiner aufgezogener ›Theater‹-Hund, ging Miss Brill auf, was daran so aufregend war. Sie waren alle auf der Bühne. Sie waren nicht nur Publikum, nicht nur Zuschauer, sondern auch Schauspieler. Selbst sie hatte eine Rolle und kam jeden Sonntag. Bestimmt hätte jemand gemerkt, wenn sie gefehlt hätte, sie gehörte schließlich zur Vorstellung. Dass sie darauf nicht früher gekommen war! Das erklärte doch, warum sie solchen Wert darauf legte, jede Woche um dieselbe Zeit von zu Hause aufzubrechen – damit sie die Vorstellung nicht verpasste –, das erklärte auch, warum sie sich scheute, sich schämte, ihren Englischschülern zu erzählen, wie sie ihre Sonntagnachmittage verbrachte. Kein Wunder! Miss Brill hätte fast laut aufgelacht. Sie stand auf der Bühne. Ihr fiel der gebrechliche alte Herr ein, dem sie viermal die Woche nachmittags die Zeitung vorlas, während er im Garten schlief. Sie hatte sich inzwischen an den Greisenkopf auf dem Kissen gewöhnt, an die tiefliegenden Augen, den offenen Mund und die vorspringende spitze Nase. Er hätte tot sein können, und sie hätte es vielleicht wochenlang nicht gemerkt; es hätte ihr nichts gemacht. Nun erfuhr er plötzlich, dass ihm die Zeitung von einer Schauspielerin vorgelesen wurde. »Eine Schauspielerin!« Der Greisenkopf hob sich, zwei Fünkchen blitzten in den alten Augen. »Schauspielerin sind Sie – tatsächlich!« Und Miss Brill glättete die Zeitung, als sei sie das Drehbuch für ihre Rolle, und sagte bescheiden: »Ja, ich bin schon ewig Schauspielerin.«

Die Kapelle hatte eine Pause eingelegt. Jetzt setzte sie wieder ein. Und was sie spielte, klang warm, sonnig, doch mit einem leicht kühlen Unterton – was war es? – nicht Traurigkeit – nein, nicht Traurigkeit – irgendetwas, das einem Lust machte mitzusingen. Die Melodie stieg und stieg, das Licht strahlte und es schien Miss Brill, als würden im nächsten Augenblick alle, das ganze Ensemble anfangen zu singen. Die jungen Leute, die lachend vorbeizogen, würden beginnen, und dann würden die Männerstimmen fest und couragiert einfallen. Und dann würde sie, auch sie, und die anderen auf den Bänken eine Art Begleitmelodie dazu singen, etwas tiefer, ohne auf und ab, aber so schön, so ergreifend … Miss Brills Augen füllten sich mit Tränen, und sie blickte lächelnd auf all die anderen Mitglieder des Ensembles. Ja, wir verstehen, wir verstehen, dachte sie, obwohl – was sie verstanden, wusste sie nicht.

In dem Augenblick kamen ein junger Mann und ein junges Mädchen und nahmen Platz, wo vorher das alte Paar gesessen hatte. Sie waren wunderschön angezogen, sie waren verliebt. Der Held und die Heldin natürlich, gerade zurück von der väterlichen Jacht. Und immer noch lautlos singend, immer noch mit dem zitternden Lächeln bereitete Miss Brill sich darauf vor zuzuhören.

»Nein, nicht jetzt«, sagte das Mädchen. »Nicht hier, ich kann nicht.«

»Aber warum nicht? Etwa wegen der dummen Alten da drüben?«, fragte der Junge. »Was will sie hier? Warum bleibt sie nicht zu Hause mit ihrer albernen alten Visage?«

»Ihr Pelz sieht so komisch aus«, kicherte das Mädchen. »Er sieht aus wie ein gebratener Schellfisch.«

»Mach, dass du wegkommst!«, zischte der Junge erbost. Dann: »Sag mal, *ma petite chère*.« . . .

»Nein, nicht hier«, sagte das Mädchen. »Noch nicht.«

Auf dem Nachhauseweg kaufte sie meist eine Scheibe Lebkuchen beim Bäcker. Etwas, was sie sich nur sonntags gönnte. Manchmal steckte eine Mandel darin, manchmal nicht. Es machte sehr viel aus. Wenn eine Mandel darin war, hatte sie das Gefühl, sie bringe ein kleines Geschenk mit nach Hause – eine Überraschung – etwas, was ebenso gut nicht hätte da sein können. Sie beeilte sich an den Mandelsonntagen und riss geradezu verwegen das Streichholz für den Kessel an.

Aber heute ging sie am Bäcker vorbei, stieg die Stufen hinauf, betrat ihr dunkles kleines Zimmer – ihr schrankähnliches Zimmer – und setzte sich auf die rote Daunendecke. Sie blieb lange dort sitzen. Der Karton, aus dem der

Pelz gekommen war, stand auf dem Bett. Rasch hakte sie den Pelz auf, rasch und ohne hinzusehen, legte sie ihn hinein. Aber als sie den Deckel schloss, meinte sie, sie höre etwas weinen.

1920

Die Töchter des verstorbenen Oberst

I

Die Woche danach war die geschäftigste ihres Lebens. Sogar wenn sie zu Bett gingen, legten sich nur ihre Körper zur Ruhe; in Gedanken machten sie weiter, durchdachten alles, besprachen alles, überlegten, fassten Entschlüsse, versuchten sich zu erinnern, wo …

Constantia lag wie eine Statue da: die Hände an den Seiten, die Füße leicht übereinandergelegt, das Betttuch bis unters Kinn. Sie starrte die Decke an.

»Meinst du, Vater hätte etwas dagegen, wenn wir seinen Zylinder dem Portier gäben?«

»Dem Portier?«, sagte Josephine barsch. »Warum ausgerechnet dem Portier? Was für eine ausgefallene Idee!«

»Weil er«, sagte Constantia langsam, »bestimmt oft zu Beerdigungen muss. Und ich habe auf dem – auf dem Friedhof gesehen, dass er nur eine Melone hat.« Sie hielt inne. »Und da dachte ich, wie sehr er sich über einen Zylinder freuen würde. Wir sollten ihm ohnehin ein Geschenk machen. Er war immer so nett zu Vater.«

»Aber«, rief Josephine, indem sie vom Kissen hochschoss und Constantia durch die Dunkelheit anstarrte, »Vaters Kopf!« Und plötzlich, einen erschreckenden Augenblick lang, hätte sie fast gekichert. Nicht, dass ihr im mindesten nach Kichern zumute war. Es musste Gewohnheit sein. Vor Jahren, wenn sie nachts wachlagen und sich unterhielten, hatten ihre Betten manchmal förmlich gebebt. Und nun der Kopf des Portiers, wie er verschwand unter Vaters Hut, ausgepustet wie eine Kerze … Das Kichern stieg, stieg immer höher; sie presste die Hände zusammen, sie zwang es hinunter; sie starrte finster in die Dunkelheit und sagte furchtbar streng: »Vergiss nicht!«

»Das können wir morgen entscheiden«, sagte sie.

Constantia hatte nichts gemerkt; sie seufzte.

»Meinst du, wir sollten unsere Morgenmäntel auch färben lassen?«

»Schwarz?« Josephine schrie fast.

»Ja, wie denn sonst?«, sagte Constantia. »Ich dachte – es sieht irgendwie nicht ganz aufrichtig aus, draußen Schwarz zu tragen, wenn wir korrekt gekleidet sind, und dann zu Hause …«

»Aber es sieht uns doch niemand«, sagte Josephine. Sie zerrte so heftig am Bettzeug, dass ihre beiden Füße bloß lagen und sie sich auf den Kissen hochschieben musste, damit sie wieder bedeckt waren.

»Kate sieht uns«, sagte Constantia, »und der Postbote womöglich auch.«

Josephine dachte an ihre dunkelroten Slipper, die zu ihrem Morgenmantel passten, und an Constantias Lieblingsslipper aus undefinierbarem Grün, die farblich zu ihrem passten. Schwarz! Zwei schwarze Morgenmäntel und zwei Paar schwarze, flauschige Slipper, die wie zwei schwarze Katzen ins Badezimmer schlichen.

»Ich finde nicht, dass das unbedingt nötig ist«, sagte sie.

Schweigen. Dann sagte Constantia: »Wir müssen morgen die Zeitungen mit der Anzeige abschicken, damit wir die Post nach Ceylon nicht verpassen … Wie viele Briefe sind bisher gekommen?«

»Dreiundzwanzig.«

Josephine hatte sie alle beantwortet, und dreiundzwanzig Mal, wenn sie an die Stelle »Unser lieber Vater fehlt uns so sehr« kam, hatte sie die Fassung verloren und ihr Taschentuch benutzen müssen und von manchen hatte sie sogar mit einem Eckchen Löschpapier eine ganz hellblaue Träne aufgesaugt. Merkwürdig, es konnte keine Verstellung gewesen sein – aber dreiundzwanzig Mal? Sogar jetzt, wenn sie traurig vor sich hinsagte: »Unser lieber Vater fehlt uns so sehr«, hätte sie weinen können, wenn sie gewollt hätte.

»Hast du auch genug Briefmarken?«, kam es von Constantia.

»Ach, wie soll ich das wissen?«, sagte Josephine verärgert. »Wozu fragst du mich das jetzt?«

»Ich dachte nur«, sagte Constantia beschwichtigend.

Erneutes Schweigen. Ein leichtes Rascheln, ein Huschen, ein Hüpfen war zu hören.

»Eine Maus«, sagte Constantia.

»Das kann keine Maus sein, denn es sind keine Krümel da«, sagte Josephine.

»Aber das weiß die Maus doch nicht«, sagte Constantia.

Ein Gefühl des Mitleids durchzuckte ihr Herz. Armes kleines Mäuschen! Hätte sie nur ein winziges Stückchen Keks auf dem Ankleidetisch liegen gelassen. Ein schrecklicher Gedanke, dass sie nun nichts finden würde. Was würde das Mäuschen machen?

»Ich weiß gar nicht, wie sie sich über Wasser halten«, sagte sie.

»Wer?«, wollte Josephine wissen.

Und Constantia sagte lauter als beabsichtigt: »Mäuse.«

Josephine sagte erbost: »Was für ein Unsinn, Con! Was haben Mäuse damit zu tun. Du schläfst ja.«

»Ich glaube nicht«, sagte Constantia. Sie schloss die Augen, um ganz sicher zu sein. Sie schlief.

Josephine drückte das Kreuz durch, zog die Knie an, verschränkte die Arme so, dass ihre Fäuste unter den Ohren lagen und drückte die Wange fest gegen das Kissen.

II

Außerdem wurde die Sache noch dadurch kompliziert, dass Schwester Andrews eine weitere Woche bei ihnen blieb. Es war ihre eigene Schuld; sie hatten sie darum gebeten. Es war Josephines Idee gewesen. An dem Vormittag – also an dem letzten Vormittag, als der Arzt fort war, hatte Josephine zu Constantia gesagt: »Meinst du nicht, es wäre nett von uns, Schwester Andrews zu bitten, noch eine Woche als unser Gast zu bleiben?«

»Sehr nett«, sagte Constantia.

»Ich dachte«, fuhr Josephine rasch fort, »ich sollte heute Nachmittag, wenn ich sie bezahlt habe, einfach zu ihr sagen: ›Meine Schwester und ich würden uns nach allem, was Sie für uns getan haben, sehr freuen, wenn Sie noch eine Woche als unser Gast blieben‹. Ich muss das mit dem Gast schon einflechten, sonst –«

»Aber sie kann doch nicht erwarten, dass wir sie bezahlen!«, rief Constantia.

»Das kann man nie wissen«, sagte Josephine weise.

Schwester Andrews war natürlich gleich darauf angesprungen. Aber es war lästig. Es bedeutete nämlich, dass sie sich zu geregelten Zeiten zum Essen an den Tisch setzen mussten, denn, wären sie allein gewesen, hätten sie

Kate einfach fragen können, ob es ihr was ausmache, ihnen ein Tablett dahin zu bringen, wo sie gerade waren. Jetzt, wo der Druck weg war, waren die Mahlzeiten eine rechte Zumutung.

Und dann Schwester Andrews' Umgang mit Butter! Wirklich, zumindest was Butter anging, konnten sie sich nicht verhehlen, dass sie ihre Gefälligkeit ausnutzte. Und sie hatte diese irritierende Angewohnheit, noch um ein Scheibchen Brot für den Rest auf ihrem Teller zu bitten, und dann mit dem letzten Mundvoll, so ganz in Gedanken – aber natürlich alles andere als in Gedanken – noch einmal zuzulangen. Josephine lief jedes Mal rot an und heftete ihre kleinen, runden Knopfaugen auf das Tischtuch, als sähe sie ein winziges, befremdliches Insekt durch das Gewebe kriechen. Aber Constantias langes, blasses Gesicht würde noch länger und erstarrte, und ihr Blick schweifte weit – und immer weiter – über die Wüste bis zu dem Punkt, wo das Band von Kamelen abrollte wie ein Wollfaden.

»Als ich bei Lady Tukes war«, sagte Schwester Andrews, »hatte sie so eine nüdliche Vorrichtung für die Buttah. Es war ein silbanah Amor, der auf dem Rand – auf dem Rand einer Glasschale balancierte und eine wünzige Gabel hielt. Und wenn man Buttah wollte, dann drückte man einfach auf seinen Fuß, und er beugte sich vor und spüßte ein Stückchen Buttah auf. Ein rüchtiges Spülzeug.«

Josephine konnte es kaum ertragen. Aber – »Ich finde solche Sachen reichlich ausgefallen«, war alles, was sie sagte.

»Aber wüso?«, fragte Schwester Andrews, und ihre Augen blitzten hinter den Brillengläsern. »Es würde doch sowieso niemand mehr Buttah nehmen als nötig, odah?«

»Klingle, Con«, rief Josephine. Sie konnte es auf eine Antwort nicht ankommen lassen.

Und die stolze, junge Kate, eine verzauberte Prinzessin, trat ein, um zu sehen, was die beiden alten Miezen nun schon wieder wollten. Sie nahm ihnen schwungvoll die Teller mit dem falschen Hasen-oder-was-auch-immer weg und knallte einen weißen, verschreckten Vanillepudding auf den Tisch.

»Das Gelee, bitte, Kate«, sagte Josephine freundlich.

Kate kniete nieder, ließ die Schranktüren auffliegen, hob den Deckel vom Geleetopf, sah, dass er leer war, stellte ihn auf den Tisch und stolzierte davon.

»Ich fürchte«, sagte Schwester Andrews nach einer Weile, »der ist leer.«

»Ach, wie ärgerlich!«, sagte Josephine. Sie biss sich auf die Lippen. »Was machen wir nun?«

Constantia hatte Bedenken. »Wir können Kate nicht noch einmal stören«, sagte sie leise.

Schwester Andrews wartete und sah beide lächelnd an. Ihren unsteten Augen hinter den Brillengläsern entging nichts. Constantia kehrte vor Verzweiflung zu ihren Kamelen zurück. Josephine runzelte heftig die Stirn – ganz konzentriert. Wenn diese idiotische Frau nicht gewesen wäre, hätten sie und Con ihren Vanillepudding natürlich so gegessen. Plötzlich kam ihr eine Idee.

»Ich hab's«, sagte sie. »Orangenmarmelade. Im Schrank ist noch Orangenmarmelade. Hol sie, Con.«

»Hoffentlich«, lachte Schwester Andrews, und ihr Lachen klang, als klirre ein Löffel gegen ein Medizinglas – »hoffentlich ist die Marmelade nicht so bittah.«

Aber immerhin war nun der Zeitpunkt abzusehen, wo sie sie endgültig los sein würden. Und schließlich konnten sie nicht leugnen, dass sie sehr lieb zu Vater gewesen war. Sie hatte ihn zum Schluss Tag und Nacht betreut. Obwohl die Schwestern insgeheim beide fanden, dass sie es zu guter Letzt mit der Betreuung ein bisschen übertrieben hatte. Denn als sie das Zimmer betreten hatten, um Abschied zu nehmen, war Schwester Andrews die ganze Zeit an seinem Bett sitzen geblieben, hatte sein Handgelenk gehalten und so getan, als blicke sie auf ihre Uhr. Das war sicher nicht nötig gewesen. Außerdem war es so taktlos. Wenn Vater nun noch etwas zu ihnen hätte sagen wollen – etwas Intimes. Nicht, dass das der Fall gewesen war. Ach, im Gegenteil! Er lag da, blaurot, ein dunkles, böses Blaurot im Gesicht, und hatte ihnen nicht einmal einen Blick gegönnt, als sie hereinkamen. Und als sie dann dastanden und nicht wussten, was sie tun sollten, hatte er plötzlich ein Auge geöffnet. Ach, wie anders wäre es gewesen, wie ganz anders hätten sie ihn in Erinnerung, wie viel leichter könnten sie den Leuten davon erzählen, wenn er beide aufgemacht hätte! Aber nein – ein Auge nur. Es starrte sie einen Augenblick an und … verlosch.

IV

Das hatte sie in große Verlegenheit gebracht, als Mr. Farolles von St. Johannes am selben Nachmittag bei ihnen vorsprach.

»Das Ende war durchaus friedlich, hoffe ich?«, waren seine ersten Worte, als er durch das dunkle Wohnzimmer auf sie zuglitt.

»Durchaus«, sagte Josephine kleinlaut. Sie ließen beide die Köpfe hängen. Beide waren sicher, das eine Auge war durchaus kein friedliches Auge gewesen.

»Nehmen Sie doch Platz«, sagte Josephine.

»Danke, Miss Pinner«, sagte Mr. Farolles dankbar. Er schlug die Rockschöße hoch und war im Begriff, sich in Vaters Lehnstuhl niederzulassen, doch kaum berührte er den Sitz, da schnellte er hoch und ließ sich stattdessen auf den nächsten Stuhl gleiten.

Er hüstelte. Josephine knetete die Hände; Constantia blickte vage.

»Ich möchte Ihnen versichern, Miss Pinner«, sagte Mr. Farolles, »und auch Ihnen, Miss Constantia, dass ich da bin, um Ihnen Beistand zu leisten. Ich möchte Ihnen allen beiden Beistand leisten, wenn Sie erlauben. Es gibt Zeiten«, sagte Mr. Farolles ganz schlicht und ernsthaft, »da will Gott, dass wir einander Beistand leisten.«

»Sehr herzlichen Dank, Mr. Farolles«, sagten Josephine und Constantia.

»Keine Ursache«, sagte Mr. Farolles sanft. Er zog seine Glacé-Handschuhe durch die Finger und beugte sich vor. »Und wenn eine von Ihnen ein kleines Abendmahl nehmen möchte, eine oder auch beide zusammen, hier und jetzt, dann brauchen Sie es mir nur zu sagen. Ein kleines Abendmahl ist oft ein rechter Bei – ein rechter Trost.«

Aber der Gedanke an ein kleines Abendmahl erfüllte sie mit Entsetzen. Was! Allein hier im Wohnzimmer – ohne – ohne Altar oder sonst was! Das Klavier war viel zu hoch, dachte Constantia, wie sollte Mr. Farolles sich wohl mit dem Kelch darüber beugen? Und garantiert käme Kate hereingeplatzt und unterbräche sie, dachte Josephine. Und wenn es nun mittendrin klingelte? Es könnte jemand Wichtiges sein – wegen des Trauerfalls. Sollten sie sich dann ehrfürchtig erheben und hinausgehen, oder mussten sie warten … auf der Folter?

»Vielleicht lassen Sie mir durch Ihre liebe Kate eine Nachricht zukommen, falls Ihnen später daran gelegen ist«, sagte Mr. Farolles.

»O ja, herzlichen Dank«, sagten beide.

Mr. Farolles stand auf und nahm den schwarzen Strohhut vom runden Tisch.

»Und wegen der Beerdigung«, sagte er leise. »Darf ich das übernehmen – als alter Freund Ihres lieben Vaters und auch als Ihrer, Miss Pinner – und Miss Constantia?«

Josephine und Constantia erhoben sich ebenfalls.

»Ich möchte es ganz schlicht«, sagte Josephine bestimmt, »und nicht zu teuer. Gleichzeitig möchte ich – «

›Etwas Gutes und Haltbares‹, dachte die verträumte Constantia, als kaufe Josephine sich ein Nachthemd. Aber das sagte Josephine natürlich nicht – »ein Begräbnis, wie es der Stellung unseres Vaters gebührt.« Sie war sehr nervös.

»Ich spreche bei unserem guten Freund Mr. Knight vor«, sagte Mr. Farolles beruhigend. »Ich werde ihn bitten, bei Ihnen vorbeizukommen. Ich bin sicher, er gibt Ihnen jeden erdenklichen Beistand.«

V

Na schön, so weit hatten sie die Sache jedenfalls überstanden, obwohl sich beide nicht vorstellen konnten, dass Vater tatsächlich nie wiederkommen würde. Als der Sarg ins Grab gesenkt wurde, überfiel Josephine eine plötzliche Panik bei dem Gedanken, was sie und Constantia da angerichtet hatten, ohne ihn um Erlaubnis zu bitten. Was würde Vater sagen, wenn er dahinterkam? Denn über kurz oder lang würde er dahinterkommen. Das tat er immer. »Begraben? Ihr beiden Mädchen habt mich *begraben* lassen?« Sie hörte, wie er mit dem Stock auf den Boden pochte. Ach, was sollten sie nur sagen? Wie sollten sie sich nur herausreden? Es klang wirklich entsetzlich herzlos. Jemanden so bösartig zu übertölpeln, nur weil er gerade hilflos war. Die anderen Leute schienen es für eine Selbstverständlichkeit zu halten. Aber das waren Fremde; wie sollten sie verstehen, dass Vater der Letzte war, der so etwas mit sich machen ließ. Nein, die Schuld würde ganz allein auf sie und Constantia fallen. Und die Kosten, dachte sie, als sie in die geschlossene Kutsche stieg. Wenn sie ihm die Rechnungen vorlegen musste. Was würde er dann sagen?

Sie hörte ihn förmlich schreien. »Und erwartet ihr etwa, dass ich für diese Schnapsidee auch noch aufkomme?«

»Ach«, stöhnte die arme Josephine laut, »wir hätten es nicht tun sollen, Con!«

Und Constantia, bleich wie eine Zitrone in all dem Schwarz, flüsterte erschrocken: »Was hätten wir nicht tun sollen, Jug?«

»Vater so be-begraben zu lassen«, sagte Josephine, wobei

sie die Fassung verlor und in ihr neues, fremd riechendes Trauertaschentuch weinte.

»Aber was hätten wir denn sonst tun sollen?«, fragte Constantia erstaunt. »Wir hätten ihn doch nicht behalten können, Jug – wir hätten ihn nicht unbegraben behalten können. Jedenfalls nicht in einer Wohnung von dieser Größe.«

Josephine putzte sich die Nase; die Droschke war entsetzlich stickig.

»Ich weiß es nicht«, sagte sie verzagt. »Alles ist so schrecklich. Ich finde, wir hätten es versuchen sollen, wenigstens eine Zeitlang. Um ganz sicher zu sein. Eins ist gewiss« – sie brach wieder in Tränen aus –, »Vater wird uns dies nie verzeihen – niemals!«

VI

Vater würde ihnen niemals verzeihen. Das Gefühl belastete sie mehr denn je, als sie zwei Vormittage später sein Zimmer betraten, um seine Sachen durchzusehen. Sie hatten es in Ruhe besprochen, Josephine hatte es unter anderem sogar auf ihrer Liste notiert. *Vaters Sachen durchsehen und sortieren.* Aber das war etwas ganz anderes, als nach dem Frühstück zu sagen:

»Und bist du so weit, Con?«

»Ja, Jug – wenn du so weit bist?«

»Dann wollen wir es lieber hinter uns bringen.«

Es war dunkel im Flur. Seit Jahren war es ehernes Gesetz gewesen, Vater vormittags unter keinen Umständen zu stören. Und jetzt wollten sie die Tür öffnen, ohne auch nur anzuklopfen … Constantias Augen weiteten sich bei dem Gedanken; Josephine fühlte ihre Knie schwach werden.

»Du – geh du zuerst«, hauchte sie und schob Constantia vor.

Aber wie immer bei solchen Gelegenheiten sagte Constantia: »Nein, Jug, das ist nicht fair. Du bist die Ältere.«

Josephine wollte gerade sagen, was sie sonst unter keinen Umständen zugegeben hätte und sich als Trumpfkarte vorbehielt, ›Aber du bist die Größere‹, als sie bemerkten, dass die Küchentür offen war und Kate in der Tür stand …

»Er klemmt«, sagte Josephine, während sie den Türgriff hielt und versuchte, ihn herumzudrehen. Als ob Kate sich etwas vormachen ließe!

Es war nichts zu machen. Das Mädchen war … Dann schloss sich die Tür hinter ihnen, aber – aber sie waren gar nicht in Vaters Zimmer. Es kam ihnen vor, als seien sie versehentlich durch die Wand in eine fremde Wohnung getreten. Lag die Tür direkt hinter ihnen? Sie wagten nicht, sich umzusehen. Josephine wusste, wenn die Tür da war, war sie jedenfalls fest verschlossen. Constantia ahnte, dass sie wie Türen im Traum überhaupt keine Klinke hatte. Es war die Kälte, die alles so schrecklich machte. Oder das viele Weiß – was? Alles war abgedeckt. Die Rollos heruntergezogen, der Spiegel mit einem Leintuch verhängt, das Bett mit einem Laken zugedeckt; ein riesiger Fächer aus weißem Papier verbarg den Kamin. Constantia streckte zaghaft die Hand aus, als erwarte sie, dass Schneeflocken fallen würden. Josephine verspürte ein sonderbares Kitzeln an der Nase, als friere ihr die Nasenspitze ab. Dann fuhr holpernd eine Droschke über das Kopfsteinpflaster und die Stille zerstob in lauter kleine Stücke.

»Ich will lieber ein Rollo hochziehen«, sagte Josephine beherzt.

»Ja, vielleicht eine gute Idee«, flüsterte Constantia.

Sie hatten das Rollo kaum berührt, als es in die Höhe schoss; die Schnur flog hinterher, wickelte sich um die Rollostange und die kleine Troddel zappelte so heftig, als wollte sie sich befreien. Das war zu viel für Constantia.

»Meinst du nicht – meinst du nicht, wir sollten es auf einen anderen Tag verschieben?«, flüsterte sie.

»Wieso?«, sagte Josephine gereizt, die sich wie immer viel besser fühlte, jetzt, wo sie sicher war, dass Constantia panische Angst hatte. »Es muss sein. Aber ich wäre dankbar, wenn du das Flüstern ließest, Con.«

»Ich wusste gar nicht, dass ich flüstere«, flüsterte Constantia.

»Und warum starrst du so auf das Bett?«, fragte Josephine und hob herausfordernd die Stimme. »Da ist nichts auf dem Bett.«

»Ach, Jug, sag das nicht!«, sagte die arme Constantia. »Jedenfalls nicht so laut.«

Josephine merkte selbst, dass sie zu weit gegangen war. Sie ging in weitem Bogen zur Kommode hinüber und streckte die Hand aus, zog sie aber rasch wieder zurück.

»Connie!«, keuchte sie, fuhr herum und lehnte sich mit dem Rücken an die Kommode.

»O Jug – was?«

Josephine konnte sie nur anstarren. Sie hatte das unheimliche Gefühl, gerade etwas ganz Schrecklichem entgangen zu sein. Aber wie sollte sie Constantia begreiflich machen, dass Vater in der Kommode war? Er war in der obersten Schublade bei den Taschentüchern und Krawatten, oder in der nächsten bei den Hemden und Pyjamas, oder in der untersten bei den Anzügen. Er lag dort versteckt auf der Lauer – direkt hinter dem Griff – auf dem Sprung.

Sie schnitt Constantia eine komische altmodische Grimasse, ganz so wie früher, wenn sie kurz vorm Weinen gewesen war.

»Ich kann sie nicht öffnen«, sagte sie kläglich.

»Lass sein, Jug«, flüsterte Constantia beschwörend. »Wir lassen es lieber. Wir öffnen lieber gar nichts. Jedenfalls noch lange nicht.«

»Aber – aber das kommt mir wie Schwäche vor«, sagte Josephine und verlor die Fassung.

»Aber warum nicht einmal schwach sein, Jug?«, entgegnete Constantia in heiserem Flüsterton. »Wenn es denn Schwäche ist.« Ihr blasser Blick glitt von dem sicher verschlossenen Schreibtisch zu dem riesigen, glitzernden Kleiderschrank, und ihr Atem ging auf eine merkwürdig keuchende Art. »Warum sollen wir nicht einmal im Leben schwach sein, Jug? Das ist ganz verzeihlich. Seien wir schwach, Jug – schwach. Es ist viel schöner, schwach zu sein als stark.«

Und dann beging sie eine dieser erstaunlichen Kühnheiten, die sie vielleicht zwei Mal in ihrem Leben begangen hatte: sie marschierte zum Schrank hinüber, drehte den Schlüssel herum und zog ihn ab. Zog ihn ab, hielt ihn Josephine hin und verriet Josephine durch ihr triumphierendes Lächeln, dass sie genau wusste, was sie tat – sie ließ es bedenkenlos darauf ankommen, dass Vater da drinnen zwischen seinen Mänteln steckte.

Wäre der riesige Kleiderschrank vornübergekippt und hätte Constantia unter sich begraben, Josephine wäre nicht überrascht gewesen. Im Gegenteil, sie hätte es für die einzig richtige Schlussfolgerung gehalten. Aber nichts geschah. Nur schien das Zimmer stiller als zuvor, und immer größere Flocken kalter Luft fielen Josephine auf Schultern und Knie. Sie fing an zu zittern.

»Komm, Jug«, sagte Constantia, noch immer mit diesem schrecklich kaltblütigen Lächeln, und Josephine folgte ihr genau wie das letzte Mal, als Constantia Benny in den kleinen, runden Teich geschubst hatte.

VII

Wieder im Esszimmer angekommen, war ihnen die Strapaze anzusehen. Ganz mitgenommen nahmen sie Platz und sahen sich an.

»Ich glaube, ich bin zu nichts mehr imstande«, sagte Josephine, »ehe ich nicht etwas zu mir genommen habe. Meinst du, wir könnten Kate um zwei Tassen heißes Wasser bitten?«

»Ich wüsste wirklich nicht, warum nicht«, sagte Constantia vorsichtig. Sie hatte sich wieder gefangen. »Ich werde nicht klingeln. Ich werde selbst an die Küchentür gehen und sie fragen.«

»Ja, tu das«, sagte Josephine und ließ sich in einen Sessel sinken.

»Sag ihr, nur zwei Tassen, Con, sonst nichts – auf einem Tablett.«

»Sie braucht nicht mal eine Karaffe zu nehmen, nicht wahr?«, sagte Constantia, als bestünde Gefahr, Kate könne wegen der Kanne Einspruch erheben.

»O nein, keineswegs! Die Karaffe ist ganz überflüssig. Sie soll das Wasser direkt aus dem Kessel gießen«, rief Josephine, als ersparten sie Kate damit Arbeit.

Ihre kalten Lippen lagen zitternd an dem grünlichen Tassenrand. Josephine umfasste die Tasse mit ihren kleinen roten Händen; Constantia richtete sich auf und blies auf den sich schlängelnden Dampf, so dass er hin und her schwankte.

»Apropos Benny«, sagte Josephine.

Und obwohl Benny gar nicht erwähnt worden war, machte Constantia ein Gesicht, als sei das der Fall gewesen.

»Er wird natürlich erwarten, dass wir ihm ein Andenken an Vater schicken. Aber woher sollen wir wissen, was man nach Ceylon schicken kann.«

»Du meinst, die Sachen gehen auf der Reise so leicht auf?«, murmelte Constantia.

»Nein, verloren«, sagte Josephine barsch. »Du weißt doch, es gibt keine Post. Nur Läufer.«

Beide schwiegen und sahen, wie ein Schwarzer in weißen Leinenshorts im Galopp durch die bleichen Felder lief, ein großes, in braunes Packpapier gewickeltes Paket in den Händen. Josephines Schwarzer war winzig; er lief wie ein Wiesel und glänzte wie eine Ameise. Constantias dagegen war ein langer, dünner, der etwas Stures und Besessenes hatte, was ihn, wie sie beschloss, zu einem unsympathischen Burschen machte. … Auf der Veranda, ganz in Weiß und mit einem Tropenhelm aus Kork auf dem Kopf, stand Benny. Seine rechte Hand fuhr auf und ab, wie Vaters, wenn er ungeduldig war. Und hinter ihm, nicht im mindesten interessiert, saß Hilda, die unbekannte Schwägerin, schaukelte in einem Schaukelstuhl und blätterte geräusch-voll im *Tatler*.

»Ich finde, seine Uhr wäre das geeignetste Geschenk«, sagte Josephine.

Constantia hob den Kopf; sie schien überrascht.

»So? Würdest du einem Eingeborenen eine goldene Ta-schenuhr anvertrauen?«

»Natürlich würde ich sie gut kaschieren«, sagte Josephi-ne. »Niemand käme auf die Idee, dass es eine Uhr ist«. Der Gedanke, ein so unförmiges Paket zu packen, dass kein Mensch ahnen konnte, was darin war, gefiel ihr. Einen Mo-ment dachte sie sogar daran, die Uhr in einer länglichen Korsettschachtel zu verstecken, die sie seit langem in der Hoffnung aufhob, sie werde ihr einmal zupasskommen. Es war solch hübscher, fester Karton. Aber nein, zu diesem Zweck war die Schachtel ungeeignet. Sie trug die Auf-schrift: »Mittlere Damengröße: 40. Extra festes Körbchen«. Benny würde Augen machen, wenn er sie aufmachte und Vaters Taschenuhr darin fand.

»Und gehen würde sie sowieso nicht mehr – ticken meine ich«, sagte Constantia, die immer noch über die Vorliebe der Eingeborenen für Schmuck nachsann. »Jedenfalls«, fügte sie hinzu, »wäre das sehr merkwürdig nach so langer Zeit.«

VIII

Josephine gab keine Antwort. Sie hing ihren eigenen Ge-danken nach. Ihr war plötzlich Cyril eingefallen. War es nicht eher üblich, dass der einzige Enkel die Uhr bekam? Und dann war der liebe Cyril auch immer so dankbar, und einem jungen Mann lag so viel an einer Taschenuhr. Benny hatte sich Taschenuhren wahrscheinlich schon längst abgewöhnt; in diesen heißen Zonen trugen Männer so selten Westen, während Cyril in London jahrein jahraus eine trug. Und wie schön wäre es für sie und Constantia, wenn er zum Tee käme und die Uhr trüge. »Ich sehe, du trägst Großvaters Taschenuhr, Cyril.« Es wäre eine solche Genugtuung, irgendwie.

Der liebe Junge! Was für eine Enttäuschung seine lieben, mitfühlenden Zeilen gewesen waren! Natürlich hatten sie vollstes Verständnis, aber es war trotzdem höchst bedauerlich.

»Es wäre etwas ganz Besonderes gewesen, ihn dabeizuhaben«, sagte Constantia, ohne zu bedenken, was sie sagte.

Immerhin würde er zum Tee mit seinen Tanten kommen, sobald er zurück war. Cyril zum Tee war für sie ein seltener Hochgenuss.

»Also, Cyril, keine falsche Scham vor unserem Kuchen. Deine Tante Con und ich haben ihn heute Vormittag bei Buszard gekauft. Wir wissen, was Männer für Appetit haben. Also zier dich nicht und lang tüchtig zu.«

Josephine schnitt tollkühn den saftigen, dunklen Kuchen an, dessen Kosten für ihre Winterhandschuhe oder für die Besohlung von Constantias einzigem anständigen Paar Schuhe gedacht gewesen war. Aber Cyrils Appetit war ganz und gar unmännlich.

»Wirklich, Tante Josephine, ich kann einfach nicht. Ich habe gerade erst Lunch gegessen, musst du wissen.«

»Aber Cyril, das kann doch nicht wahr sein! Es ist nach vier«, rief Josephine. Constantia saß da, das Messer reglos über der Schokoladenrolle.

»Doch, es ist wahr«, sagte Cyril. »Ich war mit einem Mann am Victoria-Bahnhof verabredet, und er ließ mich hängen, bis … die Zeit reichte gerade, um Lunch zu essen und hierherzukommen. Und er hat mir – pppfff« – Cyril legte die Hand an die Stirn – »eine enorme Portion aufgetischt.«

Es war enttäuschend – ausgerechnet heute. Aber das konnte er schließlich nicht ahnen.

»Aber du wirst doch wohl ein Baiser nehmen, Cyril?«, sagte Tante Josephine. »Diese Baisers haben wir extra für dich gekauft. Dein lieber Vater aß immer so gerne Baisers. Wir waren sicher, du auch.«

»Das tu ich ja, Tante Josephine«, rief Cyril beschwörend. »Hast du was dagegen, wenn ich erstmal einen halben nehme?«

»Nicht im Geringsten, mein lieber Junge; aber dabei darf es nicht bleiben.«

»Isst dein Vater immer noch so gern Baisers?«, fragte Tante Con freundlich. Sie verzog leicht das Gesicht, als sie ihren Baiser durchbrach.

»Ich habe keine Ahnung, Tante Con«, sagte Cyril unbekümmert.

Bei diesen Worten hoben beide den Kopf.

»Keine Ahnung?« Josephines Stimme klang beinahe scharf. »Keine Ahnung, bei deinem eigenen Vater, Cyril?«

»Nicht dein Ernst«, sagte Tante Con mit sanftem Vorwurf.

Cyril versuchte, lachend darüber hinwegzugehen. »Na ja«, sagte er, »schließlich ist es lange her, seit – « Er stockte. Er verstummte. Ihre Gesichter überwältigten ihn.

»Trotzdem«, sagte Josephine.

Und Tante Constantia sah ihn an.

Cyril setzte die Teetasse ab. »Moment mal!«, rief er. »Moment mal, Tante Josephine. Was sag ich denn da.«

Er sah hoch. Ihre Gesichter hellten sich auf. Cyril schlug sich aufs Knie.

»Natürlich«, sagte er. »Baisers. Wie konnte ich das vergessen! Ja, Tante Josephine, du hast völlig recht. Vater ist geradezu erpicht auf Baisers.«

Sie strahlten nicht nur. Tante Josephine wurde knallrot vor Vergnügen. Und Tante Con stieß einen ganz, ganz tiefen Seufzer aus.

»Und nun komm, Cyril, und sag Vater guten Tag«, sagte Tante Josephine. »Er weiß, dass du heute kommst.«

»Jawohl«, sagte Cyril sehr fest und beherzt. Er erhob sich von seinem Stuhl. Plötzlich sah er auf die Uhr. »Sag mal, Tante Con, geht eure Uhr nicht ein bisschen nach? Ich habe eine Verabredung mit einem Mann am – am Paddington-Bahnhof, kurz nach fünf. Ich fürchte, sehr lange kann ich bei Großvater nicht bleiben.«

»Ach, er erwartet auch gar nicht, dass du *sehr* lange bleibst!«, sagte Tante Josephine.

Constantias Blick ruhte immer noch auf der Uhr. Sie konnte sich nicht entscheiden, ob sie vor- oder nachging. Sie hatte das fast sichere Gefühl, es war eins von beiden. Jedenfalls war es früher so gewesen.

Cyril zögerte noch. »Kommst du nicht mit, Tante Con?«

»Doch«, sagte Josephine, »wir gehen alle zusammen. Komm, Con.«

IX

Sie klopften an die Tür, und Cyril folgte seinen Tanten in Großvaters überheiztes, süßlich riechendes Zimmer.

»Na los«, sagte Großvater Pinner. »Trödelt nicht. Was gibt's? Habt ihr wieder was ausgefressen?«

Er saß vor einem lodernden Kaminfeuer und hielt seinen Stock umklammert. Eine dicke Decke lag über seinen Knien. Auf seinem Schoß lag ein prächtiges blassgelbes Seidentaschentuch.

»Cyril ist hier, Vater«, sagte Josephine schüchtern. Sie nahm Cyril bei der Hand und führte ihn näher.

»Guten Tag, Großvater«, sagte Cyril und versuchte, sich aus Tante Josephines Hand zu befreien. Großvater Pinner schoss einen seiner berüchtigten Blicke auf Cyril ab. Wo war Tante Con? Sie stand auf der anderen Seite von Tante Josephine; ihre langen Arme hingen herunter, ihre Hände waren ineinander verkrampft. Sie ließ Großvater keinen Moment aus den Augen.

»Nun«, sagte Großvater Pinner und stieß mit dem Stock auf den Boden, »was hast du mir zu sagen?«

Ja, was hatte er, was hatte er ihm bloß zu sagen? Cyril merkte, wie sich ein schwachsinniges Lächeln über sein Gesicht ausbreitete.

Außerdem war es im Zimmer zum Ersticken heiß. Aber Tante Josephine kam ihm zu Hilfe. Sie rief übermütig: »Cyril sagt, sein Vater isst immer noch so gern Baisers.«

»He?«, machte Großvater Cyril und legte die Hand wie eine blaurote Baiserhälfte hinters Ohr.

Josephine wiederholte: »Cyril sagt, sein Vater isst immer noch so gern Baisers.«

»Versteh' nix«, sagte der alte Oberst Pinner. Und er winkte Josephine beiseite und zeigte mit dem Stock auf Cyril. »Was will er mir erzählen?«

(Großer Gott!) »Muss ich wirklich?«, sagte Cyril errötend und starrte Tante Josephine an.

»Nur zu.« Sie lächelte. »Du machst ihm eine Freude.«

»Na los! Heraus damit!«, rief Oberst Pinner gereizt und stieß wieder mit dem Stock auf.

Und Cyril beugte sich vor und schrie: »Vater isst immer noch so gern Baisers.« Großvater Pinner prallte zurück, als hätte jemand auf ihn geschossen. »Schrei doch nicht so«, rief er. »Was ist los mit dem Jungen? *Baises.* Was ist damit?«

»Ach, Tante Josephine, muss das sein?«, stöhnte Cyril verzweifelt.

»Nur keine Angst, mein lieber Junge«, sagte Tante Josephine, als seien sie gemeinsam beim Zahnarzt. »Er versteht dich gleich.« Und sie flüsterte ihm zu: »Er wird ein bisschen taub, musst du wissen.« Dann beugte sie sich vor und schrie förmlich in Großvater Pinners Ohr: »Cyril wollte dir nur erzählen, lieber Vater, dass sein Vater immer noch so gern Baisers isst.«

Dieses Mal verstand Oberst Pinner, verstand, stutzte und musterte Cyril von oben bis unten.

»Was für eine Schnapsidee«, sagte der alte Großvater Pinner, »was für eine unerhörte Schnapsidee, den ganzen Weg hierherzukommen und mir das zu erzählen.«

Das fand Cyril auch.

»Ja, ich werde Cyril die Taschenuhr schicken«, sagte Josephine.

»Das wäre schön«, sagte Constantia. »Ich meine mich zu erinnern, dass es das letzte Mal ein kleines Missverständnis gab wegen der Zeit.«

X

Sie wurden von Kate unterbrochen, die auf ihre gewohnte Art hereingestürmt kam, als habe sie eine geheime Tapetentür in der Wand entdeckt.

»Gebraten oder gekocht?«, fragte die dreiste Stimme.

Gebraten oder gekocht? Josephine und Constantia waren einen Augenblick ganz verwirrt. Sie begriffen nichts.

»Was gebraten oder gekocht, Kate?«, fragte Josephine und versuchte, sich zu konzentrieren.

Kate zog geräuschvoll die Luft ein: »Fisch.«

»Ja, warum sagst du das nicht gleich?«, wies Josephine sie freundlich zurecht. »Woher sollen wir das wissen, Kate? Schließlich gibt es eine Unmenge von Dingen auf dieser Welt, die gebraten oder gekocht werden.« Und nach einem solchen Beweis ihrer Courage sagte sie beinahe forsch zu Constantia: »Was möchtest du lieber, Con?«

»Ich glaube, gebraten wäre schön«, sagte Constantia. »Andererseits ist gekochter Fisch ebenso gut. Ich glaube, mir ist beides recht ... Es sei denn, du ... in dem Fall – «

»Ich werde ihn braten«, sagte Kate, und sie rauschte hinaus, ließ die Tür offen und knallte die Küchentür hinter sich zu.

Josephine sah Constantia an. Sie zog die blassen Augenbrauen hoch, bis sich ihre Wellen in ihrem blassen Haaransatz verloren. Sie stand auf und sagte in sehr überlegenem, gewichtigem Ton: »Würdest du mir bitte ins Wohnzimmer folgen, Constantia? Ich habe etwas von großer Wichtigkeit mit dir zu besprechen.«

Denn sie zogen sich immer ins Wohnzimmer zurück, wenn sie über Kate sprechen wollten.

Josephine schloss die Tür betont nachdrücklich. »Nimm Platz, Constantia«, sagte sie immer noch sehr hoheitsvoll, als empfange sie Constantia zum ersten Mal. Und Con sah sich vage nach einem Stuhl um, als fühle sie sich tatsächlich wie eine Fremde.

»Also die Frage ist«, sagte Josephine und lehnte sich vor, »ob wir sie behalten oder nicht.«

»Das ist die Frage«, pflichtete Constantia ihr bei.

»Und dieses Mal«, sagte Josephine bestimmt, »müssen wir eine endgültige Entscheidung treffen.«

Einen Moment lang sah es aus, als sei Constantia im Begriff, all die anderen Male an sich vorüberziehen zu lassen, aber sie riss sich zusammen und sagte: »Ja, Jug.«

»Sieh mal, Con«, sagte Josephine erklärend, »es hat sich alles so verändert.« Constantia sah überrascht auf.

»Ich meine«, fuhr Josephine fort, »wir sind doch nicht mehr so auf Kate angewiesen wie bisher.« Sie errötete leicht. »Für Vater zu kochen ist nicht mehr nötig.«

»Du hast völlig recht«, stimmte Constantia zu. »Für Vater zu kochen ist nicht mehr nötig, was sonst auch immer …«

Josephine schnitt ihr das Wort ab. »Du schläfst doch nicht ein, Con?«

»Ich, Jug?« Constantia machte große Augen.

»Dann konzentrier dich bitte«, sagte Josephine scharf und kehrte zum Thema zurück. »Die Sache ist nämlich die:

sollten wir« – und mit einem Blick auf die Tür hauchte sie – »Kate tatsächlich kündigen« – hier hob sie die Stimme wieder –, »dann könnten wir uns um das Essen selber kümmern.«

»Ja, warum nicht?«, rief Constantia. Sie konnte sich ein Lächeln nicht verkneifen. Der Gedanke war so aufregend. »Wovon sollen wir uns ernähren, Jug?«

»Ach, Eier in jeglicher Form«, sagte Josephine wieder ganz überlegen. »Und außerdem gibt es all diese Fertiggerichte.«

»Aber ich habe gehört«, sagte Constantia, »dass sie so teuer sein sollen.«

»Nicht, wenn man sie in bescheidenen Mengen kauft«, sagte Josephine. Doch sie riss sich von diesem faszinierenden Abstecher los und zog Constantia mit sich

»Allerdings müssen wir nun endgültig entscheiden, ob wir Kate wirklich vertrauen oder nicht.«

Constantia lehnte sich zurück. Ein kurzes, halblautes Lachen flog ihr von den Lippen.

»Ist es nicht merkwürdig, Jug«, sagte sie, »dass ich ausgerechnet in diesem einen Punkt nie so recht zu einer Entscheidung kommen konnte.«

XI

Das hatte sie nie gekonnt. Die ganze Schwierigkeit bestand darin, ihr etwas zu beweisen. Wie nur ließ sich etwas beweisen? Angenommen, Kate hätte vor ihr gestanden und deutlich ein Gesicht geschnitten. Hätte ihr nicht genauso gut etwas wehtun können? War es nicht ganz unmöglich,

Kate zu fragen, ob sie ihr ein Gesicht geschnitten hätte? Wenn Kate nun »nein« sagte – und natürlich würde sie »nein« sagen – was für eine Situation! Wie entwürdigend! Außerdem argwöhnte Constantia, ja, sie war beinahe sicher, dass Kate, wenn sie nicht zu Hause waren, an ihre Kommode ging, nicht um zu stehlen, sondern um zu spionieren. Wie oft war sie heimgekommen und hatte ihr Amethystkreuz an den unwahrscheinlichsten Stellen gefunden, unter ihren Jabots oder oben auf ihrem Spitzenbesatz. Mehr als einmal hatte sie Kate eine Falle gestellt. Sie hatte die Sachen in einer bestimmten Reihenfolge geordnet und dann Josephine als Zeugin gerufen.

»Siehst du, Jug?«

»Genau, Con.«

»Jetzt wissen wir Bescheid.«

Aber, du liebe Güte, wenn sie genauer hinsah, war sie von Beweisen so weit entfernt wie zuvor. Wenn etwas verlegt war, hätte es ihr leicht selbst beim Schließen der Schublade passieren können; ein kleiner Ruck hätte genügt.

»Komm du und entscheide, Jug. Ich kann es wirklich nicht. Es ist zu schwierig.«

Aber nach einer Pause und einem eingehenden Blick sagte Josephine meist seufzend: »Jetzt hast du mich auch ganz unsicher gemacht, Con, jetzt weiß ich selbst nicht mehr Bescheid.«

XII

Aber in dem Augenblick setzte unten auf der Straße eine Drehorgel ein. Josephine und Constantia sprangen gleichzeitig auf.

»Lauf, Con«, sagte Josephine. »Lauf schnell. Das Geld liegt auf der –«

Dann fiel es ihnen ein. Es war nicht mehr nötig. Sie brauchten den Orgeldreher nie wieder zu unterbrechen. Nie wieder brauchten Constantia und sie dafür zu sorgen, dass der Affe sein Gedudel woanders machte. Nie wieder würde das laute, befremdende Bellen zu hören sein, wenn Vater fand, sie beeilten sich nicht genug. Der Orgeldreher konnte den ganzen Tag spielen und niemand würde mit dem Stock klopfen.

»Er klopft nie wieder mit dem Stock,
Er klopft nie wieder mit dem Stock«,

spielte die Drehorgel.

Woran dachte Constantia? Sie hatte ein so merkwürdiges Lächeln. Sie sah verändert aus. Sie wollte doch nicht anfangen zu weinen?

»Jug, Jug«, sagte Constantia leise und presste die Hände zusammen, »weißt du, welcher Tag heute ist? Es ist Samstag. Eine Woche ist es her, eine ganze Woche.«

»Eine Woche seit Vaters Tod,
Eine Woche seit Vaters Tod«,

dudelte die Drehorgel. Und auch Josephine vergaß, praktisch und vernünftig zu sein; sie lächelte leicht und selbstvergessen. Auf den indischen Teppich fiel ein blass-rotes sonniges Viereck; es kam und ging und kam, wurde kräftiger und blieb – bis es beinahe golden leuchtete.

»Die Sonne ist da«, sagte Josephine, als sei das wirklich wichtig.

Eine makellose Fontäne perlender Noten stieg von der Drehorgel auf, runde, helle, sorglos versprühte Noten.

Constantia streckte ihre großen, kalten Hände aus, als wolle sie sie fangen, und ließ sie wieder sinken. Sie ging hinüber zu ihrem Lieblingsbuddha auf dem Kaminsims. Und der Kopf aus Stein und Gold, dessen Lächeln immer ein so merkwürdiges Gefühl in ihr auslöste, fast wie ein Schmerz, aber ein angenehmer Schmerz, schien heute mehr als zu lächeln. Er wusste etwas; er hatte ein Geheimnis. »Ich weiß etwas, was du nicht weißt«, sagte ihr Buddha. Aber was war es, was konnte es sein? Und doch hatte sie schon immer das Gefühl gehabt, da war … etwas.

Das Sonnenlicht kam durch die Fenster, stahl sich herein und ließ die Möbel und die Fotografien aufblitzen. Josephine beobachtete es. Als es Mutters Foto, die Vergrößerung über dem Klavier, erreicht hatte, verweilte es einen Moment wie verwundert, dass außer den Ohrringen in Form winziger Pagoden und einer schwarzen Federboa so wenig von Mutter übrig geblieben war. Warum verblassten Fotografien von Toten immer so, fragte sich Josephine. Sobald ein Mensch gestorben war, starb auch seine Fotografie. Aber dieses Bild von Mutter war natürlich sehr alt. Fünfunddreißig Jahre alt. Josephine erinnerte sich, wie sie auf einem Stuhl gestanden, auf die Boa gezeigt und Constantia

erklärt hatte, dass Mutter in Ceylon an einem Schlangen-
biss gestorben war … Wäre wohl alles anders gekommen,
wenn sie nicht gestorben wäre? Sie sah nicht recht ein,
warum. Tante Florence hatte bei ihnen gewohnt, bis sie die
Schule verlassen hatten, dreimal waren sie umgezogen und
hatten jedes Jahr Urlaub gemacht und … und natürlich hatten die Dienstboten gewechselt.

Ein paar kleine Spatzen, junge Spatzen, wie es klang,
tschilpten auf der Fensterbank. *Tschiep – tschiep – tschiep.*
Aber Josephine klang es nicht nach Spatzen, nicht auf der
Fensterbank. Es war in ihr, das merkwürdig jämmerliche
Geräusch. Ach, wonach jammerte es, so hilflos und
schwach?

Wenn Mutter am Leben geblieben wäre, ob sie wohl geheiratet hätten? Aber es war niemand da, den sie hätten
heiraten können. Es gab Vaters anglo-indische Freunde,
ehe er sich mit ihnen zerstritten hatte. Aber danach hatten
sie und Constantia außer den Pastoren keinen einzigen
Mann mehr getroffen. Wie traf man überhaupt Männer?
Und selbst, wenn sie welche getroffen hätten, wie hätten
sie sie so gut kennenlernen sollen, dass sie keine Fremden
mehr gewesen wären? Man las von Leuten, die Abenteuer
erlebten, denen man nachstellte und so weiter. Aber niemand hatte Constantia und ihr je nachgestellt. Ach doch,
einmal war da ein geheimnisvoller Mann in ihrer Pension
in Eastbourne gewesen und hatte auf dem Heißwasserkrug
vor ihrer Schlafzimmertür einen Zettel hinterlassen! Aber
als Connie ihn schließlich fand, hatte der Wasserdampf die
Schrift völlig unleserlich gemacht; sie konnten nicht einmal erraten, für welche von ihnen die Nachricht bestimmt
war. Und am nächsten Tag war er abgereist. Das war alles.

Sonst hatten sie sich um Vater gekümmert und gleichzeitig versucht, ihm aus dem Weg zu gehen. Aber jetzt? Jetzt? Das diebische Sonnenlicht berührte Josephine sanft. Sie hob das Gesicht. Sie fühlte sich von den sanften Sonnenstrahlen ans Fenster gezogen.

Solange die Drehorgel spielte, blieb Constantia vor dem Buddha stehen, fragend, aber nicht wie sonst, nicht so vage. Dieses Mal war ihr Fragen eher wie Sehnsucht. Sie erinnerte sich an die Male, als sie bei Vollmond im Nachthemd aus dem Bett gestiegen, sich hier hereingeschlichen und mit ausgestreckten Armen auf den Boden gelegt hatte, wie eine Gekreuzigte. Warum? Der große, blasse Mond hatte Schuld daran. Die grotesken tanzenden Figuren auf dem geschnitzten Wandschirm hatten anzügliche Gesten gemacht, aber das hatte sie nicht gestört. Sie erinnerte sich auch, wenn sie im Urlaub an der See waren, wie sie allein losgewandert und so nah wie möglich ans Wasser gegangen war und etwas gesungen hatte, etwas, was sie sich ausgedacht hatte, während sie den Blick weit über das unruhige Meer schweifen ließ. Dann war da das andere Leben, in dem man loslief, Sachen in Einkaufstaschen nach Hause brachte, Sachen zur Ansicht holte, mit Jug besprach, dann wieder zurückbrachte, um neue Sachen zur Ansicht zu holen, und Vaters Tabletts anrichtete und versuchte, Vater nicht zu erzürnen. Aber all das schien sich in einer Art Tunnel abgespielt zu haben. Es war nicht wirklich. Erst wenn sie aus dem Tunnel heraus ins Mondlicht trat oder ans Meer oder in ein Gewitter, schien sie wirklich sie selbst zu sein. Was bedeutete das? Was fehlte ihr immer? Worauf lief das alles hinaus? Jetzt? Jetzt?

Sie wandte sich mit einer ihrer vagen Gesten von dem

Buddha ab. Sie ging hinüber, wo Josephine stand. Sie wollte etwas zu Josephine sagen, etwas schrecklich Wichtiges über – über die Zukunft und was …

»Meinst du nicht, vielleicht … «, begann sie.

Aber Josephine unterbrach sie. »Ich habe mich gefragt, ob –«, murmelte sie. Sie schwiegen; eine wartete auf die andere.

»Ja, Con?«, sagte Josephine.

»Nein, nein, Jug, nach dir«, sagte Constantia.

»Nein, sag du erst, was du sagen wolltest. Du hast angefangen«, sagte Josephine.

»Ich … ich möchte lieber erst hören, was du sagen wolltest«, sagte Constantia.

»Sei nicht albern, Con.«

»Wirklich, Jug.«

»Connie!«

»Ach, *Jug*!«

Eine Pause. Dann sagte Constantia kaum hörbar: »Ich kann nicht sagen, was ich sagen wollte, Jug, weil ich vergessen habe, was es war …«

Josephine schwieg einen Moment. Sie starrte auf eine große Wolke, wo vorher die Sonne gewesen war. Dann erwiderte sie kurz: »Ich habe es auch vergessen.«

1920

Das Gartenfest

Und schließlich war das Wetter ideal. Es war wie für ein Gartenfest gemacht; besser hätte man es sich gar nicht wünschen können. Windstill, warm, der Himmel völlig wolkenlos. Nur das Blau wurde, wie manchmal im Frühsommer, von einem Schleier aus lichtem Gold gedämpft. Der Gärtner war seit Tagesanbruch auf den Beinen und mähte und harkte die Rasenflächen, bis die dunklen, flachen Rosetten, wo die Tausendschönchen gestanden hatten, geradezu leuchteten. Was die Rosen anging, so hatte man fast das Gefühl, als wüssten sie, dass Rosen die einzigen Blumen sind, die auf Gartenfesten Eindruck auf die Gäste machen; die einzigen Blumen, die alle kennen. Hunderte, ja, buchstäblich Hunderte waren in einer einzigen Nacht aufgeblüht; die grünen Büsche neigten sich, als seien ihnen Erzengel erschienen.

Das Frühstück war noch nicht vorüber, als die Männer schon da waren, um das Zelt aufzubauen.

»Wohin möchtest du das Zelt haben, Mutter?«

»Mein liebes Kind, mich brauchst du nicht zu fragen. Ich bin entschlossen, dieses Jahr alles euch Kindern zu überlassen. Vergesst, dass ich eure Mutter bin. Behandelt mich wie einen Ehrengast.«

Aber Meg konnte unmöglich hinausgehen und die Männer beaufsichtigen. Sie hatte sich vor dem Frühstück die Haare gewaschen und saß nun in einem grünen Turban beim Kaffeetrinken, eine dunkle, nasse Locke auf jede Wange geklebt. Josie, der Schmetterling, kam immer in einem Seidenunterrock und einer Kimonojacke herunter.

»Geh du, Laura; du hast die künstlerische Ader.«

Laura flog davon, die Schnitte noch in der Hand. Wie herrlich, dass sie eine Ausrede hatte, draußen weiterzuessen, und außerdem hatte sie eine Schwäche fürs Arrangieren; sie fand ohnehin immer, dass sie es viel besser konnte als alle anderen.

Vier Männer in Hemdsärmeln standen in einer Gruppe zusammen auf dem Gartenweg. Sie trugen dick mit Zeltplanen umwickelte Stangen und hatten große Werkzeugtaschen über die Schultern geschlungen. Sie sahen eindrucksvoll aus. Laura hätte jetzt die Schnitte lieber nicht in der Hand gehabt, aber sie konnte sie nirgendwo hinlegen, und wegwerfen konnte sie sie auch nicht. Sie errötete und versuchte, streng und sogar ein bisschen kurzsichtig auszusehen, als sie zu ihnen trat.

»Guten Morgen«, sagte sie, die Stimme ihrer Mutter nachahmend. Aber das klang so schrecklich affektiert, dass sie sich schämte und wie ein kleines Mädchen stotterte: »Ach – eh – sind Sie – ist es wegen des Zeltes?«

»So ist es, Miss«, sagte der Größte von ihnen, ein schlaksiger, sommersprossiger Bursche, und er schob seine Werkzeugtasche zurecht, tippte den Strohhut aus der Stirn und sah lächelnd auf sie herab. »Genau.«

Sein Lächeln war so ungezwungen, so freundlich, dass Laura die Fassung wiedergewann. Was für schöne Augen er hatte, klein, aber solch dunkles Blau! Und als sie die anderen ansah, lächelten sie ebenfalls. »Kopf hoch, wir beißen nicht«, schien ihr Lächeln zu sagen. Wie nett Arbeiter waren! Und was für ein herrlicher Morgen! Den Morgen durfte sie allerdings nicht erwähnen; sie musste geschäftsmäßig wirken. Das Gartenzelt.

»Wie wäre es mit dem Lilienrasen? Ginge der?«

Und sie zeigte mit der Hand, die nicht die Brotschnitte hielt, auf den Lilienrasen. Die Männer drehten sich um und starrten in die Richtung. Der kleine Dicke schob die Oberlippe vor, und der Lange runzelte die Stirn.

»Nicht nach meinem Geschmack«, sagte er. »Nicht auffällig genug. Sehn Sie mal, so ein Zelt«, und er wandte sich Laura auf seine ungezwungene Art zu, »das wolln Sie irgendwo hinstellen, wo es einem so richtig ins Auge knallt, wenn Sie verstehn, was ich meine.«

Aufgrund ihrer Erziehung stutzte Laura einen Moment und fragte sich, ob es sich für einen Arbeiter wohl gehöre, in ihrer Gegenwart von ins Auge knallen zu sprechen. Aber sie verstand genau, was er meinte.

»In eine Ecke vom Tennisplatz«, schlug sie vor. »Aber da soll die Band hin.«

»So, eine Band haben Sie auch?«, sagte einer der Arbeiter. Er sah blass aus. Er hatte etwas Verhärmtes, als er seine dunklen Augen über den Tennisplatz schweifen ließ. Was dachte er dabei?

»Nur eine ganz kleine«, sagte Laura kleinlaut. Vielleicht hatte er nichts dagegen, wenn es eine ganz kleine Band war. Aber der Große unterbrach sie.

»Ich hab's, Fräulein, da gehört es hin. Vor die Bäume, da drüben. Das ist genau das Richtige.«

Vor die Karakas. Aber dann waren die Karakasbäume verdeckt. Und die wären so hübsch mit ihren breiten, glänzenden Blättern und den Trauben von gelben Früchten. Genau so stellte man sich Bäume auf einer verlassenen Insel vor, stolz, einsam, ihre Blätter und Früchte in schweigender Pracht der Sonne entgegenstreckend. Mussten sie unbedingt durch das Zelt verdeckt werden?

Unbedingt. Schon hatten die Männer ihre Stangen geschultert und machten sich auf den Weg. Nur der Lange blieb zurück. Er beugte sich herab, zerrieb einen Zweig Lavendel zwischen den Fingern, hielt Daumen und Zeigefinger an die Nase und atmete den Duft ein. Als Laura diese Geste sah, vergaß sie die Karakas völlig vor lauter Überraschung, dass ihm daran lag – dass ihm am Duft von Lavendel lag. Wie viele Männer kannte sie, die so etwas getan hätten. Ach, was für ungewöhnlich nette Menschen Arbeiter doch waren, dachte sie. Warum konnte sie nicht mit Arbeitern befreundet sein, statt mit diesen albernen Jungen, mit denen sie tanzte und die sonntagabends zum Essen kamen? Sie würde sich mit solchen Männern viel besser verstehen.

Das liegt alles nur, entschied sie, während der Große auf der Rückseite eines Umschlags eine Zeichnung von etwas machte, das durchgezogen oder hängengelassen werden sollte, an den absurden Klassenunterschieden. Also, sie jedenfalls empfand keine. Kein bisschen, keine Spur … Und jetzt war das tschock-tschock der Holzhämmer zu hören. Der eine pfiff, und ein anderer rief aus voller Kehle: »Alles klar, Kumpel?« – *Kumpel*! Dieser freundliche Ton, dieser dieser … Um zu beweisen, wie glücklich sie war, um dem Langen zu zeigen, wie wohl sie sich fühlte und wie sie die dummen Konventionen verachtete, nahm Laura einen großen Biss von ihrer Schnitte und beugte sich über die kleine Zeichnung. Sie kam sich ganz wie ein Arbeitermädchen vor.

»Laura, Laura, wo bist du? Telefon, Laura!«, rief eine Stimme vom Haus her.

»Komme!« Und sie hüpfte davon, über den Rasen, den

Pfad entlang, die Stufen hoch, über die Veranda und durch die Haustür. In der Vorhalle bürsteten ihr Vater und Laurie ihre Hüte, im Begriff, ins Geschäft zu gehen.

»Hör mal, Laura«, sagte Laurie hastig, »wirf doch vorm Fest noch mal einen Blick auf meine Jacke. Vielleicht muss sie gebügelt werden.«

»Wird gemacht«, sagte Laura. Und plötzlich konnte sie nicht anders. Sie lief auf Laurie zu und drückte ihn ganz leicht und schnell an sich. »Ach, ich schwärme für Partys«, seufzte Laura, »du auch?«

»Es geht«, sagte Laurie mit seiner warmen, jungenhaften Stimme, und er drückte seine Schwester ebenfalls an sich und gab ihr einen liebevollen Schubs. »Mach, dass du ans Telefon kommst, mein Fräulein.«

Ach ja, das Telefon. »Ja, ja, o ja, Kitty? Guten Morgen. Zum Lunch? Tu das. Begeistert, natürlich. Es wird ein ziemlich kärgliches Mahl – nur ein paar Brotkanten und Baiserreste und ein paar Überbleibsel. Ja, ist das nicht ein herrlicher Morgen? Den weißen? Ach, auf jeden Fall. Moment mal – bleib dran. Mutter ruft.« Und Laura lehnte sich zurück. »Was, Mutter? Ich versteh dich nicht.«

Mrs. Sheridans Stimme schwebte durchs Treppenhaus. »Sag ihr, sie soll den entzückenden Hut tragen, den sie am letzten Sonntag aufgehabt hat.«

»Mutter sagt, du sollst den entzückenden Hut tragen, den du am letzten Sonntag aufgehabt hast. Gut. Ein Uhr. Bis dann!«

Laura legte den Hörer auf, warf die Arme hoch, holte tief Atem, streckte sich und ließ sie wieder fallen. »Huuch«, seufzte sie, und im gleichen Moment richtete sie sich rasch auf. Sie saß ganz still und lauschte. Alle Türen im Haus schienen offen. Das ganze Haus vibrierte von leisen, schnellen Schritten und summenden Stimmen. Die grüne filzbezogene Tür, die zum Küchentrakt führte, schwang mit dumpfem Laut hin und her. Und jetzt kam ein lang gezogenes, holperndes, schnurrendes Geräusch. Es war das schwere Klavier, das auf seinen steifen Rollen bewegt wurde. Aber die Luft! War die Luft immer so, auch wenn man nicht darauf achtete? Kleine, leichte Windstöße spielten Fangen, oben zu den Fenstern herein und zu den Türen wieder hinaus. Und dann waren da zwei winzige kleine Sonnenflecken, einer auf dem Tintenfass, einer auf dem Silberrahmen einer Fotografie, und spielten auch. Entzückende kleine Flecken. Besonders der auf dem Tintenfassdeckel. Er war ganz warm. Ein warmer kleiner silberner Stern. Sie hätte ihm einen Kuss geben können.

Es klingelte an der Haustür, und jetzt raschelte Sadies Kattunrock auf der Treppe. Eine Männerstimme murmelte; Sadie antwortete gleichgültig: »Ich weiß nichts davon. Warten Sie. Ich frage Mrs. Sheridan.«

»Was ist, Sadie?« Laura trat in den Flur.

»Es ist der Blumenhändler, Miss Laura.«

Tatsächlich. Dort direkt neben der Tür stand ein breiter, flacher Korb voller Töpfe mit rosa Lilien. Keine anderen Blumen. Nur Lilien – Kannalilien, große rosa Blüten, weit offen, strahlend, beinahe erschreckend lebendig auf leuchtend roten Stängeln.

»Ooh, Sadie!«, sagte Laura, und es klang wie ein leichtes Stöhnen. Sie kniete nieder, als wollte sie sich an den flammenden Lilien wärmen; sie spürte sie in den Fingern, auf den Lippen, spürte sie in ihrer Brust wachsen.

»Es muss ein Irrtum sein«, sagte sie mit kläglicher Stimme. »Niemand kann so viele bestellt haben. Sadie, geh und hol Mutter.«

In dem Moment kam Mrs. Sheridan dazu.

»Es ist alles in Ordnung«, sagte sie ruhig. »Ja, ich habe sie bestellt. Sind sie nicht wunderbar?« Sie drückte Lauras Arm. »Ich bin gestern am Laden vorbeigekommen und habe sie im Schaufenster gesehen. Und plötzlich dachte ich, einmal in meinem Leben möchte ich genug Kannalilien haben. Das Gartenfest ist eine gute Ausrede.«

»Und ich dachte, du wolltest dich nicht einmischen«, sagte Laura. Sadie war gegangen. Der Blumenhändler war noch draußen an seinem Wagen. Sie legte den Arm um den Hals ihrer Mutter und zärtlich, ganz zärtlich, biss sie ihr ins Ohr.

»Du möchtest doch nicht etwa eine logische Mutter, mein Schatz? Lass das. Hier kommt der Mann.«

Er brachte noch mehr Lilien herein, noch einen ganzen Korb voll.

»Stellen Sie sie an die Wand, gleich hinter die Tür, zu beiden Seiten des Eingangs, bitte«, sagte Mrs. Sheridan. »Meinst du nicht auch, Laura?«

»O *doch*, Mutter.«

Im Wohnzimmer war es Meg, Josie und dem kleinen Hans endlich gelungen, das Klavier von der Stelle zu bewegen.

»So, und wenn wir nun dies Sofa an die Wand schieben und bis auf die Stühle alles aus dem Zimmer räumen – was meint ihr?«

»Perfekt.«

»Hans, trag diese Tische ins Rauchzimmer hinüber, und bring einen Handfeger für die Flecke hier auf dem Teppich und – Moment mal, Hans –«, Josie erteilte mit Vergnügen Befehle, und das Personal gehorchte ihr mit Vergnügen. Sie gab ihnen immer das Gefühl, an einem Theaterstück teilzunehmen. »Sag Mutter und Miss Laura, sie sollen sofort herkommen.«

»Jawohl, Miss Josie.«

Sie wandte sich an Meg. »Ich möchte hören, wie das Klavier klingt, falls man mich heute Nachmittag auffordert zu singen. Lass uns ›Mühselig ist dies Leben‹ durchgehen.«

Pom! Ta-ta-ta-ta-ta-tihi-ta! Das Klavier setzte mit solcher Leidenschaft ein, dass Josie schnell ein anderes Gesicht aufsetzte. Sie legte die Hände zusammen. Klagend und rätselhaft sah sie ihrer Mutter und Laura entgegen, als sie ins Zimmer traten.

»Mühselig ist dies Leheben,
Eine Träne – voll Weh,
Eine trostlose Liehiebe,
Mühselig ist dies Leheben,
Eine Träne – voll Weh,
Eine trostlose Liehiebe,
Und dann … Ade!«

Doch bei dem Wort »Ade« ging trotz der verzweiflungsvollen Klage des Klaviers ein strahlendes, schrecklich gefühlloses Lächeln über Josies Gesicht.

»Bin ich nicht gut bei Stimme, Mami?«, strahlte sie.

»Mühselig ist dies Leheben,
Hoffnung erlischt.
Ein Traum – Erwahachen …«

Aber nun wurden sie von Sadie unterbrochen. »Was gibt's, Sadie?«

»Entschuldigen Sie, Madam, die Köchin sagt, Sie hätten die Fähnchen für die kalten Platten?«

»Die Fähnchen für die kalten Platten, Sadie?«, wiederholte Mrs. Sheridan gedankenverloren.

Und die Kinder konnten ihrem Gesicht ansehen, dass sie sie nicht hatte. »Moment mal.« Und in sehr bestimmtem Ton sagte sie zu Sadie: »Sag der Köchin, sie bekommt sie in zehn Minuten.«

Sadie verschwand.

»Also, Laura«, sagte ihre Mutter schnell, »du kommst mit mir ins Rauchzimmer. Ich habe die Namen irgendwo auf der Rückseite eines Briefumschlags. Du schreibst sie mir in Schönschrift ab. Meg, du gehst auf der Stelle nach oben und nimmst das nasse Ding vom Kopf. Und du, Josie, lauf und zieh dich endlich an. Habt ihr gehört, Kinder, oder muss ich heute Abend, wenn er nach Hause kommt, ein ernstes Wort mit Vater reden? Und – und, Josie, beruhige die Köchin, wenn du zufällig in die Küche kommst, ja? Mir graut heute Morgen vor ihr.«

Der Briefumschlag fand sich schließlich hinter der Esszimmeruhr, obwohl Mrs. Sheridan sich nicht vorstellen konnte, wie er da hingekommen war.

»Eins von euch Kindern muss ihn mir aus der Tasche genommen haben, denn ich erinnere mich genau – Frischkäse mit Zitronen … Hast du das?«

»Ja.«

»Eier und –« Mrs. Sheridan hielt den Umschlag weit von sich. »Es sieht aus wie Mäuse. Aber Mäuse kann es ja wohl nicht heißen.«

»Oliven, mein Schatz«, sagte Laura, die ihr über die Schulter blickte.

Endlich war es geschafft, und Laura nahm die Fähnchen mit in die Küche.

»Ja, natürlich, Oliven. Was für eine schreckliche Kombination. Eier und Oliven.«

Sie fand Josie dabei, die Köchin zu beruhigen, die aber gar keinen furchterregenden Eindruck machte.

»Ich habe noch nie solch erlesene Platten gesehen«, sagte Josie mit verklärter Stimme. »Wie viele verschiedene Sorten, sagst du, sind es?«

»Fünfzehn, Miss Josie«, sagte die Köchin.

»Mein Kompliment.«

Die Köchin schob mit einem langen Messer die Brotkrusten zusammen und lächelte übers ganze Gesicht.

»Der Mann von Godber ist da«, verkündete Sadie, als sie aus der Speisekammer trat. Sie hatte ihn am Fenster vorbeigehen sehen.

Das hieß, die Windbeutel waren da. Godber war berühmt für seine Windbeutel. Niemand kam auf den Gedanken, sie selbst zu backen.

»Bring sie rein und stell sie auf den Tisch, Sadie«, befahl die Köchin.

Sadie brachte die Windbeutel herein und ging wieder zur Tür zurück. Natürlich waren Laura und Josie viel zu erwachsen, um sich aus Windbeuteln noch etwas zu machen. Trotzdem, sie mussten zugeben, dass sie sehr appetitlich aussahen. Sehr. Die Köchin begann, sie zu arrangieren und den überflüssigen Puderzucker abzustäuben.

»Fühlt man sich nicht auf all seine Kinderfeste zurückversetzt?«, sagte Laura.

»Kann sein«, sagte die praktische Josie, die sich nicht gern zurückversetzen ließ. »Sie sehen wunderbar leicht und luftig aus, das muss ich gestehen.«

»Nehmt euch einen, Kinder«, sagte die Köchin mit ihrer gemütlichen Stimme. »Eure Mama merkt's nicht.«

Ach, unmöglich. Windbeutel so kurz nach dem Frühstück. Der bloße Gedanke ließ einen schaudern. Trotzdem, zwei Minuten später leckten sich Josie und Laura die Finger mit diesem verzückten, verinnerlichten Blick, den man nur bei Schlagsahne bekommt.

»Komm mit durch die Hintertür in den Garten«, sagte Laura. »Ich möchte sehen, wie weit die Männer mit dem Zelt sind. Es sind schrecklich nette Männer.«

Aber die Hintertür war von der Köchin, Sadie, dem Mann von Godber und Hans versperrt.

Es war etwas passiert.

»Ts-ts-ts«, machte die Köchin wie eine aufgeregte Henne. Sadie hielt sich die Wange mit der Hand, als habe sie Zahnschmerzen. Hans verzog vor lauter Anstrengung, alles mitzubekommen, das Gesicht. Nur der Mann von Godber schien die Situation zu genießen; es war seine Geschichte.

»Was ist los? Was ist passiert?«

»Es hat einen grässlichen Unfall gegeben«, sagte die Köchin. »Ein Mann ist umgekommen.«

»Ein Mann umgekommen! Wo? Wie? Wann?«

Aber der Mann von Godber war nicht gewillt, sich die Geschichte so einfach vor der Nase wegschnappen zu lassen.

»Die kleinen Siedlungshäuser gleich hier unten, Miss, die kennen Sie doch?« Kennen? Natürlich kannte sie die.

»Also, da wohnt ein junger Bursche namens Scott, ein Fuhrmann. Sein Pferd hat vor einem Traktor gescheut, Ecke Hawke Street, heute Morgen, und er ist rausgeschleudert worden, direkt auf den Hinterkopf. Gleich tot.

»Tot!« Laura starrte den Mann von Godber an.

»Tot, als sie ihn aufhoben«, sagte der Mann von Godber mit Genuss. »Sie trugen gerade die Leiche nach Hause, als ich hier raufkam.« Er wandte sich an die Köchin. »Lässt eine Frau und fünf kleine Kinder zurück.«

»Josie, komm mit.« Laura packte ihre Schwester am Ärmel und zerrte sie durch die Küche auf die andere Seite der grünen Schwingtür. Dort blieb sie stehen und lehnte sich dagegen. »Josie!«, sagte sie entsetzt, »wie können wir am besten alles abblasen?«

»Alles abblasen, Laura!«, rief Josie erstaunt. »Was soll das heißen?«

»Das Gartenfest natürlich.« Warum tat Josie so?

Aber Josies Erstaunen wuchs noch. »Das Gartenfest abblasen? Meine liebe Laura, das ist ja absurd. Natürlich tun wir nichts dergleichen. Und es erwartet auch niemand von uns. Sei doch nicht so überspannt.«

»Aber wir können unmöglich ein Gartenfest feiern mit einem Toten buchstäblich vor unserer Haustür.«

Das war wirklich überspannt, denn die kleinen Siedlungshäuser lagen abseits in einem Seitenweg unterhalb einer steilen Anhöhe, die zum Haus hinaufführte. Dazwischen verlief eine breite Straße. Zugegeben, sie waren viel zu nah. Die Häuser waren ein ausgemachter Schandfleck und hatten in dieser Gegend überhaupt nichts zu suchen. Es waren kleine, schäbige Behausungen, schokoladenbraun gestrichen. In den Gärten gab es nichts als Kohlstrünke, kränkliche Hühner und Konservendosen. Der bloße Rauch, der aus den Schornsteinen kam, sah nach armen Leuten aus. Kleine, zerrissene Rauchfetzen, nicht zu vergleichen mit den dicken, silbrigen Wolken, die aus den Schornsteinen der Sheridans aufstiegen. Waschfrauen wohnten in der Straße, Schornsteinfeger und ein Schuster, und ein Mann, dessen Hausfront über und über mit winzigen Vogelkäfigen behängt war. Es wimmelte von Kindern. Als die Sheridans klein waren, hatte man ihnen den Umgang wegen der ordinären Sprache und der Gefahr, sich dort anzustecken, verboten. Aber jetzt, wo sie erwachsen waren, gingen Laura und Laurie auf ihren Streifzügen manchmal dort unten durch. Es war schmutzig und abstoßend. Es überlief sie jedes Mal ein Schauder. Aber schließlich muss man überall gewesen sein; muss alles gesehen haben. Also gingen sie hindurch.

»Und stell dir vor, wie der armen Frau bei unserer Musik zumute sein wird«, sagte Laura.

»Ach, Laura!« Josie wurde ernsthaft ärgerlich. »Wenn du jedes Mal, wenn jemand verunglückt, eine Kapelle am Spielen hindern willst, dann wirst du alle Hände voll zu tun haben. Mir tut es genauso leid wie dir. Ich habe genauso viel Mitleid.« Ihre Augen wurden hart. Sie sah ihre Schwester an wie damals, als sie klein waren und sich zankten. »Du machst einen betrunkenen Arbeiter nicht dadurch wieder lebendig, dass du sentimental wirst«, sagte sie leise.

»Betrunken! Wer sagt, dass er betrunken war?«, fuhr Laura Josie empört an. Und genau wie damals sagte sie: »Das sag ich Mutter!«

»Tu das, meine Liebe«, gurrte Josie.

»Mutter, kann ich reinkommen?« Laura drehte den dicken Türknopf aus Glas.

»Natürlich, Kind. Was ist denn los? Du bist ja ganz rot?« Und Mrs. Sheridan wandte sich von ihrem Toilettentisch um. Sie probierte gerade einen neuen Hut auf.

»Mutter, ein Mann ist umgekommen«, begann Laura.

»Doch nicht im *Garten*?«, unterbrach ihre Mutter sie.

»Nein, nein!«

»Oh, du hast mir einen Schreck eingejagt!« Mrs. Sheridan atmete erleichtert auf, nahm den großen Hut ab und hielt ihn auf den Knien.

»Aber hör doch, Mutter«, sagte Laura. Atemlos, überstürzt berichtete sie die schreckliche Geschichte. »Wie können wir da unser Fest feiern?«, sagte sie beschwörend. »Wenn die Kapelle kommt und all die Leute. Sie können uns hören, Mutter; sie sind unsere Nachbarn!«

Zu Lauras Erstaunen reagierte ihre Mutter genau wie Josie; nur war es schwerer zu ertragen, weil sie belustigt schien. Sie weigerte sich, Laura ernst zu nehmen.

»Aber, mein liebes Kind, sei doch vernünftig. Wir wissen doch nur vom Hörensagen davon. Wenn dort jemand ganz normal gestorben wäre – und ich weiß beim besten Willen nicht, wie die sich in diesen jämmerlichen kleinen Löchern am Leben halten – würden wir doch auch unser Fest feiern, nicht wahr?«

Das musste Laura bejahen, aber sie hatte das Gefühl, dass es unrecht war. Sie setzte sich auf das Sofa ihrer Mutter und machte Kniffe in die Kissenrüschen.

»Mutter, ist das nicht schrecklich herzlos von uns?«, fragte sie.

»Mein Schatz!« Mrs. Sheridan stand auf und kam, den

Hut in der Hand, zu ihr herüber. Ehe Laura sie davon abhalten konnte, hatte sie ihn ihr aufgesetzt. »Mein Kind«, sagte ihre Mutter, »der Hut gehört dir. Er ist wie für dich gemacht. Ich bin viel zu alt dafür. Du siehst bildhübsch darin aus. Sieh dich an!« Und sie hielt ihr den Handspiegel vor.

»Ach, Mutter«, begann Laura wieder. Sie konnte sich nicht ansehen; sie wandte sich ab.

Nun verlor Mrs. Sheridan genau wie Josie die Geduld.

»Du bist ja überspannt, Laura«, sagte sie kalt. »Solche Leute erwarten kein Opfer von uns. Und es zeugt nicht gerade von Mitgefühl deinerseits, uns allen so den Spaß zu verderben.«

»Ich verstehe dich nicht«, sagte Laura, und sie verließ hastig das Zimmer und ging in ihr eigenes. Ganz unerwartet fiel ihr Blick dort als erstes auf dieses charmante Mädchen im Spiegel, in dem schwarzen Hut mit den goldenen Margeriten und dem langen schwarzen Samtband. Nie hätte sie gedacht, dass sie so aussehen könnte. ›Hat Mutter vielleicht Recht?‹, dachte sie. Und nun hoffte sie geradezu, dass ihre Mutter Recht hatte. Bin ich überspannt? Vielleicht war sie wirklich überspannt. Einen Augenblick lang hatte sie die arme Frau und die kleinen Kinder vor Augen, und wie die Leiche ins Haus getragen wurde. Aber es kam ihr alles verschwommen, unwirklich vor, wie ein Bild in der Zeitung. Ich denke darüber nach, wenn das Fest vorbei ist, beschloss sie. Und irgendwie schien das die beste Lösung …

Um halb eins war der Lunch vorüber. Um halb zwei waren sie alle startbereit. Die grünlivrierte Kapelle war eingetroffen und hatte sich in einer Ecke des Tennisplatzes eingerichtet.

»Liebste«, flötete Kitty Maitland, »die sehen ja buchstäblich wie Frösche aus. Ihr hättet sie um den Fischteich arrangieren sollen und den Dirigenten auf einem Blatt in die Mitte.«

Laurie kam nach Hause und winkte ihnen zu, bevor er sich umzog. Bei seinem Anblick fiel Laura der Unfall wieder ein. Sie beschloss, ihm alles zu erzählen. Wenn Laurie mit den anderen einer Meinung war, dann musste es seine Richtigkeit haben. Und sie folgte ihm in die Vorhalle.

»Laurie!«

»Hallo!« Er war schon halb die Treppe hinauf, aber als er sich umdrehte und Laura sah, blies er plötzlich die Backen auf und verdrehte anerkennend die Augen »Meine Güte, Laura! Du siehst ja fabelhaft aus«, sagte Laurie. »Was für ein absolut phantastischer Hut!«

Ungläubig sagte Laura: »Wirklich?«, sah Laurie lächelnd an und erzählte ihm doch nichts.

Kurz darauf begannen die Gäste herbeizuströmen. Die Kapelle setzte ein; die Mietkellner liefen zwischen Haus und Zelt hin und her. Wo immer man hinsah, schlenderten Paare, beugten sich über die Blumen, grüßten und zogen weiter über den Rasen. Sie waren wie bunte Vögel, die sich für diesen einen Nachmittag im Garten der Sheridans niedergelassen hatten auf ihrem Weg – wohin? Ach, was für ein Glücksgefühl, mit Leuten zusammen zu sein, die alle glücklich waren, ihnen die Hände zu drücken, die Wangen zu küssen, lächelnd in die Augen zu sehen.

»Laurachen, wie gut du aussiehst!«

»Was für ein schmeichelhafter Hut, mein Kind!«

»Laura, du hast geradezu etwas Spanisches. Noch nie hast du so hinreißend ausgesehen.«

Und Laura glühte vor Stolz und antwortete leise: »Habt ihr schon Tee getrunken? Möchtet ihr kein Eis? Das Marakuta-Eis ist wirklich etwas ganz Besonderes.« Sie lief zu ihrem Vater und bettelte: »Liebster Papa, kann die Kapelle nicht etwas zu trinken bekommen?«

Und langsam reifte, langsam welkte der makellose Nachmittag, und langsam schlossen sich seine Blütenblätter.

»Noch nie ein so bezauberndes Gartenfest ...« – »Ein überwältigender Erfolg ...« – »Bei weitem das ...«

Laura half ihrer Mutter beim Verabschieden. Sie standen nebeneinander an der Eingangstür, bis alles vorbei war.

»Aus und vorbei, dem Himmel sei Dank«, sagte Mrs. Sheridan. »Ruf alle zusammen, Laura. Wir machen uns frischen Kaffee. Ich bin total erschöpft. Ja, das war ein großer Erfolg. Aber nein, diese Feste, diese Feste! Warum seid ihr Kinder nur so erpicht auf Feste!« Und sie nahmen alle zusammen unter dem verlassenen Zelt Platz.

»Papa, nimm ein Schnittchen. Ich habe das Fähnchen geschrieben.«

»Danke.« Mr. Sheridan nahm einen Bissen, und das Schnittchen war verschwunden. Er nahm noch eins. »Ihr habt vermutlich gar nichts von dem scheußlichen Unfall gehört, der heute passiert ist?«, sagte er.

»Doch, doch, mein Lieber«, sagte Mrs. Sheridan und hob abwehrend die Hand, »er hätte uns beinahe das Fest ruiniert. Laura wollte es unbedingt verschieben.«

»Ach, Mutter!« Laura wollte nicht, dass darauf angespielt wurde.

»Trotzdem, eine schreckliche Geschichte«, sagte Mr. Sheridan. »Der Mann war auch noch verheiratet. Wohnt gleich unten am Weg und lässt angeblich Frau und ein halbes Dutzend Kinder zurück.«

Ein kurzes betretenes Schweigen entstand. Mrs. Sheridan hantierte mit ihrer Tasse. Also wirklich, wie konnte Vater so taktlos sein …

Plötzlich hob sie den Kopf. Vor ihnen auf dem Tisch standen all diese Brote, Kuchen, Windbeutel, alles ungegessen, alles verderblich. Sie hatte einen ihrer glänzenden Einfälle.

»Ich weiß«, sagte sie. »Wir machen einen Korb zurecht. Wir schicken der armen Person etwas davon, es ist doch völlig einwandfrei. Jedenfalls wird das ein wahres Fest für die Kinder. Was meint ihr? Und bestimmt kommen doch die Nachbarn vorbei und so weiter. Wozu steht hier alles fix und fertig herum? Laura!« Sie sprang auf. »Hol mir den großen Korb aus dem Schrank unter der Treppe!«

»Aber Mutter, hältst du das wirklich für eine gute Idee?«, sagte Laura.

Merkwürdig, wieder reagierte sie ganz anders als die anderen. Die Reste von ihrem Fest hinbringen! Ob die arme Frau sich darüber wirklich freuen würde?

»Natürlich! Was ist denn heute los mit dir? Es ist keine zwei Stunden her, da hast du verlangt, wir sollten Mitgefühl zeigen, und nun –«

Na gut! Laura lief und holte den Korb. Und ihre Mutter füllte ihn bis zum Rand.

»Trag ihn selbst hin, mein Kind«, sagte sie. »Lauf so, wie du bist. Nein, warte, nimm noch die Kannalilien mit. Leute aus der Schicht sind von Kannas immer so beeindruckt.«

»Die Stiele werden ihr Spitzenkleid ruinieren«, sagte die praktische Josie.

Richtig. Guter Rat zur rechten Zeit. »Dann also nur den Korb. Und, Laura –«, ihre Mutter folgte ihr aus dem Zelt, »dass du auf keinen Fall –«

»Was, Mutter?«

Nein, lieber dem Kind gar nicht erst solche Ideen in den Kopf setzen! »Nichts! Lauf zu.«

Es dämmerte schon, als Laura das Gartentor hinter sich schloss. Ein großer Hund lief wie ein Schemen vorbei. Die Straße schimmerte weiß, und die kleinen Häuschen unten im Tal lagen in tiefem Schatten. Wie still ihr alles vorkam nach diesem Nachmittag. Hier war sie auf dem Weg den Hügel hinab, irgendwohin, wo ein Toter lag, und sie konnte es nicht fassen. Warum nicht? Sie blieb einen Moment stehen. Und es war ihr, als seien Küsse, Stimmen, klirrende Löffel, Gelächter, der Geruch von zertretenem Gras irgendwie in ihr selbst. Sie hatte für nichts anderes Platz. Wie sonderbar! Sie sah zum blassen Himmel auf und konnte nichts denken als: »Ja, es war ein großer Erfolg.«

Jetzt hatte sie die breite Straße überquert. Der Weg begann, verraucht und dunkel. Frauen in Umschlagtüchern und Männermützen eilten vorbei. Männer lehnten über die Zäune; die Kinder spielten in Hauseingängen. Aus den ärmlichen Häusern drang ein leises Summen. In manchen flackerte Licht, und Schatten bewegten sich wie Krebse hinter den Fenstern. Laura hielt den Kopf gesenkt und beeilte sich. Hätte sie nur einen Mantel übergezogen! Ihr Kleid leuchtete so! Und dieser riesige Hut mit den Samtbändern – hätte sie nur einen anderen Hut aufgesetzt! Sahen die Leute ihr nach? Bestimmt. Es war ein Fehler, hierherzukommen; sie hatte von vornherein gewusst, dass es ein Fehler war. Ob sie noch umkehren sollte?

Nein, zu spät. Hier war das Haus. Dies musste es sein. Ein dunkles Menschenknäuel stand davor. Auf einem Stuhl neben dem Tor saß eine ganz, ganz alte Frau mit einer Krücke und starrte vor sich hin. Ihre Füße standen auf einer Zeitung. Die Stimmen verstummten, als Laura näherkam. Die Gruppe machte ihr Platz. Es war, als habe man sie erwartet, als hätten sie gewusst, dass sie kam.

Laura war schrecklich nervös. Sie warf das Samtband über die Schulter und sagte zu einer der umstehenden Frauen: »Wohnt hier Mrs. Scott?« Und die Frau sagte mit einem wunderlichen Lächeln: »Das tut se, Miss.«

Ach, sie wünschte sich weit fort! Sie sagte tatsächlich: »Lieber Gott, steh mir bei«, als sie den schmalen Pfad hinaufging und klopfte. Wenn nur die Leute nicht so starrten oder sie wenigstens etwas um die Schultern hätte, und sei es eins von diesen Umschlagtüchern! Ich gebe nur den Korb ab und gehe wieder, beschloss sie. Ich werde nicht einmal warten, dass sie ihn ausleeren.

Dann wurde die Tür geöffnet. Eine kleine Frau in Schwarz stand im Halbdunkel.

Laura sagte: »Sind Sie Mrs. Scott?« Aber zu ihrem Entsetzen antwortete die Frau: »Kommen Se rein, Miss.« Und sie fand sich im Flur eingeschlossen.

»Nein«, sagte Laura, »ich möchte nicht reinkommen. Ich möchte nur den Korb abgeben. Mutter schickt –«

Die kleine Frau in dem düsteren Flur schien sie gar nicht gehört zu haben. »Bitte, hier lang, Miss«, sagte sie mit öliger Stimme, und Laura folgte ihr.

Sie fand sich in einer jämmerlich kleinen, niedrigen Küche, die von einer blakenden Lampe erhellt wurde. Vor dem Feuer saß eine Frau.

»Emma«, sagte die kleine Person, die sie hereingelassen hatte, »Emma! Eine junge Dame.« Sie wandte sich an Laura und sagte wichtigtuerisch: »Ich bin ihre Schwester, Miss. Sie müssense schon entschuldigen.«

»Aber natürlich!«, sagte Laura. »Bitte, stören Sie sie nicht. Ich – ich möchte nur –«

Doch in dem Augenblick drehte sich die Frau am Feuer um. Ihr verquollenes rotes Gesicht mit den geschwollenen Augen und geschwollenen Lippen sah schrecklich aus. Offenbar begriff sie gar nicht, was Laura wollte. Was sollte das? Warum stand diese fremde Person mit einem Korb in ihrer Küche? Was hatte das zu bedeuten? Und das arme Gesicht verzog sich wieder zum Weinen.

»Is gut, mein Kind«, sagte die andere. »Ich bedank mich schon bei der jungen Dame.«

Und sie fing wieder an: »Sie müssense schon entschuldigen, Miss«, und ihr ebenfalls verweintes Gesicht versuchte ein anbiederndes Lächeln.

Laura hatte nur den Wunsch, hinauszukommen, fort. Sie stand wieder im Flur. Die Tür öffnete sich. Sie trat direkt ins Zimmer, wo der Tote lag.

»Sie wolln ihn doch bestimmt sehn«, sagte Emmas Schwester und huschte an Laura vorbei ans Bett. »Keine Angst, Miss«, – und nun klang ihre Stimme gefühlvoll und berechnend – und gefühlvoll schlug sie das Laken zurück. »Der reinste Engel. Man sieht gar nichts. Treten Se näher, Miss.«

Laura trat näher.

Da lag ein junger Mann in tiefem Schlaf – er schlief so

fest, so tief, dass er weit, weit von ihnen entfernt war. Ach, so entrückt, so friedlich. Er träumte. Nur nicht aufwecken. Sein Kopf ruhte tief im Kissen, seine Augen waren geschlossen, blind unter den geschlossenen Augenlidern. Er war ganz in seinen Traum versunken. Was gingen ihn Gartenfeste und Esskörbe und Spitzenkleider an? Er war weit von alledem entfernt. Er war schön, wunderbar. Während sie lachten und die Kapelle aufspielte, hatte sich hier unten dieses Wunder ereignet … Glücklich … glücklich … Alles ist gut, sagte das schlafende Gesicht. Genau so soll es sein. Ich bin zufrieden.

Aber trotzdem musste man weinen, und sie konnte nicht aus dem Zimmer gehen, ohne etwas zu ihm zu sagen. Laura schluchzte laut wie ein Kind.

»Verzeih meinen Hut«, sagte sie.

Und diesmal wartete sie nicht auf Emmas Schwester. Sie fand den Weg allein aus der Tür, den Pfad entlang, an all den düsteren Leuten vorbei. An der Ecke traf sie Laurie.

Er trat aus dem Schatten. »Bist du's, Laura?«

»Ja.«

»Mutter hat sich Sorgen gemacht. Ist alles gut gegangen?«

»Ja, alles. Ach, Laurie!« Sie hakte ihn unter und schmiegte sich ganz eng an ihn.

»Sag mal, du weinst doch nicht etwa?«, fragte ihr Bruder.

Laura schüttelte den Kopf. Sie weinte.

Laurie legte ihr den Arm um die Schulter. »Du brauchst nicht zu weinen«, sagte er mit seiner warmen, liebevollen Stimme. »War es schrecklich?«

»Nein«, schluchzte Laura, »es war einfach wunderbar.

Nur, Laurie –«, sie blieb stehen, sie sah ihren Bruder an, »ist das Leben nicht –«, stammelte sie, »ist das Leben nicht –« Aber was das Leben war, konnte sie nicht erklären. Es spielte auch keine Rolle. Er verstand schon.

»Ja, *das* ist es«, sagte Laurie.

1921

Das Puppenhaus

Als die liebe, alte Mrs. Hay nach ihrem Aufenthalt bei den Burnells in die Stadt zurückkehrte, schickte sie den Kindern ein Puppenhaus. Es war so groß, dass der Fuhrmann und Pat es gemeinsam in den Hof tragen mussten, und dort blieb es auf zwei Holzkisten neben der Tür der Futterkammer stehen. Es konnte ihm nichts geschehen; es war Sommer. Und vielleicht würde der Farbgeruch ja auch verflogen sein, wenn man es reinholen musste. Denn weiß Gott, der Farbgeruch, der von diesem Puppenhaus ausging – (»Lieb von Mrs. Hay, keine Frage, wirklich lieb und großzügig!«) –, aber bei dem Farbgeruch konnte einem, wie Tante Beryl meinte, ernsthaft schlecht werden. Es war schlimm genug mit dem Sackleinen drüber Aber nun erst ohne

Da stand das Puppenhaus in einem dunklen, öligen Spinatgrün, abgesetzt mit leuchtendem Gelb. Die zwei kleinen massiven, aufs Dach geklebten Schornsteine waren rotweiß gestrichen, und die gelblackierte Tür glänzte wie ein Karamellbonbon. Vier Fenster, richtige Fenster, wurden von einem breiten grünen Farbstrich in Fensterscheiben unterteilt. Es gab sogar einen winzigen Vorbau, auch gelb gestrichen, an dessen Dach kleine Klümpchen eingedickter Farbe hingen.

Aber was für ein vollkommenes kleines Haus! Wie konnte man sich nur an dem Geruch stören! Das war doch Teil der Freude, Teil der Überraschung.

»Schnell, mach doch jemand auf!«

Der Haken an der Seite war festgeklemmt. Pat lockerte ihn mit seinem Taschenmesser, und die ganze Fassade des

Hauses schwenkte auf, und – da stand man und konnte wahrhaftig gleichzeitig ins Wohnzimmer und ins Esszimmer, in die Küche und in die zwei Schlafzimmer blicken. So muss ein Haus aufgehen! Warum gehen nicht alle Häuser so auf? Wie viel aufregender, als durch einen Schlitz von einer Tür in einen schäbigen kleinen Flur mit einem Hutständer und zwei Schirmen zu spähen! So, so möchte man doch ein Haus kennenlernen – stimmt's –, wenn man die Hand auf den Türklopfer legt. Vielleicht macht Gott so die Häuser auf, wenn er im Dunkel der Nacht mit einem Engel seine stille Runde macht …

»Oh – oh!« Die Stimmen der Burnellkinder hatten etwas Verzweifeltes. Es war zu wunderbar; es war zu viel für sie. So etwas hatten sie in ihrem ganzen Leben noch nicht gesehen. Alle Zimmer waren tapeziert. An den Wänden hingen Bilder, auf die Tapete gemalt, komplett mit Goldrahmen. Ein roter Teppich bedeckte alle Fußböden, außer der Küche; rote plüschbezogene Stühle im Wohnzimmer, grüne im Esszimmer; Tische, Betten mit richtigem Bettzeug, eine Wiege, ein Ofen, ein Toilettentisch mit winzigen Schalen und einem großen Krug. Aber was Kezia am allerliebsten mochte, was sie schrecklich gern mochte, war die Lampe. Sie stand mitten auf dem Esszimmertisch, eine entzückende kleine, bernsteinfarbene Lampe mit einem weißen Glasschirm. Sie war sogar fertig gefüllt zum Anzünden, obwohl man sie natürlich nicht wirklich anzünden konnte. Aber innen drin war etwas, das wie Öl aussah und sich bewegte, wenn man es schüttelte.

Der Puppenvater und die Puppenmutter, die steif ausgestreckt den Möbeln lagen, als seien sie im Wohnzimmer ohnmächtig geworden, und ihre beiden im ersten

Stock schlafenden Kinder waren eigentlich zu groß für das Puppenhaus. Sie sahen nicht aus, als gehörten sie dazu. Aber die Lampe war vollkommen. Es schien Kezia, als lächle sie ihr zu und sagte: »Ich wohne hier.« Die Lampe war echt.

Die Burnellkinder konnten am nächsten Morgen gar nicht schnell genug in die Schule kommen. Sie brannten darauf, allen von ihrem Puppenhaus zu erzählen, es zu beschreiben, damit – ja – damit zu prahlen, bevor die Schulglocke läutete.

»Ich fange an«, sagte Isabel, »denn ich bin die Älteste. Ihr beide könnt später drankommen. Aber ich fange zuerst an.« Dagegen war nichts zu sagen. Isabel war herrisch, aber sie war immer im Recht, und Lottie und Kezia kannten die Vorrechte zu genau, welche die Rolle der Ältesten mit sich brachte. Sie fuhren mit der Hand durch die dicken Butterblumen am Wegrand und schwiegen.

»Und ich bestimme, wer zuerst kommt und es besichtigen darf. Das hat Mutter gesagt.«

Denn es war vereinbart worden, dass sie, solange das Puppenhaus im Hof stand, die Mädchen in der Schule jeweils zu zweit zur Besichtigung einladen durften. Natürlich nicht, um zum Abendbrot zu bleiben oder durch das ganze Haus zu trapsen, sondern nur, um brav im Hof zu stehen, während Isabel die Schönheiten des Puppenhauses hervorhob und Lottie und Kezia ein zufriedenes Gesicht machten …

Aber so sehr sie sich auch beeilten, als sie den geteerten Zaun des Jungenspielplatzes erreichten, läutete es bereits zur Stunde. Sie hatten gerade noch Zeit, hastig ihre Schulhüte abzunehmen und sich einzureihen, ehe die Namen aufgerufen wurden. Na ja. Isabel versuchte, sich damit zu trösten, dass sie eine gewichtige und geheimnisvolle Miene aufsetzte und den Mädchen in ihrer Nähe hinter vorgehaltener Hand zutuschelte: »Ich muss euch in der Pause was erzählen.«

Die Pause kam, und Isabel wurde von allen Seiten umringt. Die Mädchen ihrer Klasse rissen sich förmlich darum, den Arm um sie zu legen, sie beiseitezunehmen, sie lächelnd zu umschmeicheln, ihre ganz besondere Freundin zu sein. Sie hielt geradezu Hof unter den riesigen Kiefern am Rande des Schulhofs. Unter Schubsen und Kichern steckten die kleinen Mädchen die Köpfe zusammen. Und die beiden einzigen, die aus dem Kreis ausgeschlossen blieben, waren die beiden, die immer ausgeschlossen blieben, die kleinen Kelveys. Sie hätten gar nicht gewagt, den Burnells zu nahe zu kommen.

Die Sache war die, dass die Schule, die die Burnellkinder besuchten, ganz und gar nicht dem entsprach, was Eltern für sie gewählt hätten, wenn sie eine Wahl gehabt hätten. Aber die hatten sie nicht. Dies war die einzige Schule weit und breit. Und infolgedessen waren alle Kinder der Nachbarschaft, die kleinen Mädchen des Richters, die Tochter des Arztes, die Kinder des Ladenbesitzers und die des Milchmanns, zusammengewürfelt. Von der gleichen Anzahl ungezogener, wilder kleiner Jungen ganz zu schweigen. Aber irgendwo musste eine Grenze gezogen werden. Sie lag bei den Kelveys. Viele der Kinder, darunter die Burnells, durften nicht einmal mit ihnen sprechen. Sie gingen hocherhobenen Hauptes an den Kelveys vorbei, und da sie in allen Fragen des Benimms den Ton angaben, wurden die Kelveys von allen geschnitten. Selbst die Lehrerin hatte einen besonderen Tonfall für sie und ein besonderes Lächeln für die anderen Kinder, wenn Lil Kelvey mit einem Strauß entsetzlich gewöhnlicher Blumen zu ihr ans Pult kam.

Sie waren die Töchter einer zähen, schwer arbeitenden kleinen Wäscherin, die tageweise von Haus zu Haus ging. Das war schon schlimm genug. Aber wo war Mr. Kelvey? Niemand wusste es genau. Aber alle behaupteten, er sitze im Gefängnis. Also waren sie die Töchter einer Wäscherin und eines Galgenvogels. Ein feiner Umgang für anderer Leute Kinder! Und sie sahen auch danach aus. Warum Mrs. Kelvey sie so auffällig anzog, war schwer zu verstehen. Die Wahrheit war, dass sie Abgelegtes von Leuten trugen, bei denen sie arbeitete. Lil zum Beispiel, ein gedrungenes, reizloses Kind mit großen Sommersprossen, kam in einem Kleid zur Schule, das aus einem grünen Kunstseidentischtuch der Burnells gemacht war, mit roten Plüschärmeln aus Vorhängen der Logans. Auf ihrer hohen Stirn thronte ein Hut, ein richtiger Frauenhut, der einmal Miss Lecky, der Postbeamtin, gehört hatte. Die Krempe war hinten hochgeschlagen und mit einer großen, knallroten Feder verziert. Die reinste Schießbudenfigur. Man konnte sich das Lachen nicht verkneifen. Und ihre kleine Schwester, unsere Else, trug ein langes, weißes Kleid, eher wie ein Nachthemd, und ein Paar kleiner Jungenstiefel dazu. Aber unsere Else konnte anziehen, was sie wollte, sie sah immer komisch darin aus. Sie war ein mickriges, kleines Mädchen mit kurzgeschorenem Haar und riesigen, ernsthaften Augen – eine kleine weiße Eule. Niemand hatte sie je lächeln sehen; sie sagte fast nie etwas.

Sie ging durchs Leben im Schlepptau von Lil, einen Zipfel von Lils Rock fest in der Hand. Wo Lil hinging, da folgte ihr unsere Else. Auf dem Schulhof oder auf dem Weg von und zur Schule marschierte Lil voran, und unsere Else hängte sich hinten an. Nur wenn sie etwas wollte oder wenn sie außer Atem war, dann zog und zerrte sie, und Lil blieb stehen und drehte sich um. Die Kelveys verstanden sich immer.

Jetzt standen sie abwartend am Rand; schließlich konnte man ihnen das Zuhören nicht verbieten. Als die kleinen Mädchen sich umdrehten und sie auslachten, lächelte Lil wie üblich auf ihre einfältige, verschämte Art, während unsere Else nur große Augen machte.

Und Isabel fuhr mit Stolz in der Stimme fort. Der Teppich erregte großes Aufsehen, genau wie die Betten mit dem richtigen Bettzeug und der Herd mit der Backofentür.

Als sie fertig war, fiel Kezia ein: »Du hast die Lampe vergessen, Isabel.«

»Ach ja«, sagte Isabel, »dann ist da noch eine klitzekleine Lampe, ganz aus gelbem Glas mit einem weißen Schirm, auf dem Esszimmertisch. Sie sieht genau wie eine richtige Lampe aus.«

»Die Lampe ist das Beste«, rief Kezia. Sie fand, Isabel mache längst nicht genug von der Lampe her. Aber niemand achtete auf sie. Isabel wählte die beiden Mädchen aus, die nachmittags zur Besichtigung mitkommen durften. Sie wählte Emmie Cole und Lena Logan. Doch als die anderen erfuhren, dass sie alle einmal drankommen würden, überschlugen sie sich vor Nettigkeit Isabel gegenüber. Eine nach der anderen legte Isabel den Arm um die Taille und nahm sie beiseite. Sie mussten ihr etwas zuflüstern, ein Geheimnis: »Isabel ist *meine* Freundin.«

Nur die kleinen Kelveys gingen unbeachtet davon; es gab nichts mehr zuzuhören.

Die Tage vergingen, und je mehr Kinder das Puppenhaus sahen, desto weiter verbreitete sich sein Ruhm. Es wurde zum Gesprächsthema Nummer eins, der letzte Schrei. Es gab nur noch eine Frage: »Habt ihr schon das Puppenhaus der Burnells gesehen? Ach, es ist zu schön!« – »Habt ihr es etwa noch nicht gesehen?« – »Doch, und ob!« Selbst während der Mittagspause wurde von nichts anderem gesprochen. Die kleinen Mädchen saßen unter den Kiefern und aßen deftige Lammfleischbrote und dicke Scheiben mit Butter bestrichenen Fladen. Und immer saßen die Kelveys so nah wie möglich, unsere Else im Schlepptau von Lil, hörten ebenfalls zu und aßen Marmeladenbrote aus rotbekleckertem Zeitungspapier.

»Mutter«, sagte Kezia, »können die Kelveys nicht wenigstens *einmal* kommen?«

»Ausgeschlossen, Kezia.«

»Aber warum denn nicht?«

»Hör auf, Kezia; du weißt genau, warum nicht.«

Schließlich hatten es alle außer ihnen gesehen. An dem Tag verlor das Thema deutlich an Interesse. Es war Mittagspause. Die Kinder standen unter den Kiefern beisammen, und während sie zusahen, wie die Kelveys aus ihrem Zeitungspapier aßen, immer abseits, immer lauschend, hatten sie plötzlich Lust, gemein zu ihnen zu sein. Emmie Cole fing mit dem Geflüster an.

»Lil Kelvey wird Dienstmädchen, wenn sie groß ist.«

»Ooh, wie schrecklich!«, sagte Isabel Burnell und verdrehte die Augen.

Emmie schluckte wichtigtuerisch und nickte Isabel zu, wie sie es bei ihrer Mutter in solchen Situationen beobachtet hatte.

»Es stimmt – es stimmt, es stimmt!«, sagte sie.

Lena Logans kleine Augen blitzten auf. »Soll ich sie fragen?«, flüsterte sie.

»Wetten, du traust dich nicht?«, sagte Jessie May.

»Pah, ich hab keine Angst«, sagte Lena. Plötzlich kreischte sie los und tanzte vor den Mädchen auf und ab. »Guckt mal her! Guckt mich an! Guckt, was ich mache!«, rief Lena. Und hinter vorgehaltener Hand kichernd, schob sie sich halb rutschend, halb gleitend, dabei einen Fuß nachziehend, zu den Kelveys hinüber.

Lil sah von ihrem Butterbrot auf. Hastig wickelte sie den Rest ein. Unsere Else hörte auf zu kauen. Was hatten sie nun vor?

»Stimmt es, dass du Dienstmädchen wirst, wenn du groß bist, Lil Kelvey?«, schrie Lena schrill.

Totenstille. Aber statt zu antworten, lächelte Lil nur auf ihre einfältige, verschämte Art. Die Frage schien ihr gar nichts auszumachen. Was für eine Blamage für Lena! Die Mädchen begannen zu kichern.

Das konnte Lena nicht auf sich sitzen lassen. Sie stemmte die Hände in die Hüften und reckte den Oberkörper vor. »Ätsch, dein Vadder is im Gefängnis!«, zischte sie gehässig.

Damit hatte sie etwas so Tolles gesagt, dass die kleinen Mädchen bis ins Innerste erregt, berauscht vor Freude, wie ein Schwarm davonstürzten. Jemand fand ein langes Seil, und sie begannen, Seil zu springen. Und noch nie waren sie so hoch gesprungen, so schnell ein- und ausgesprungen, noch nie hatten sie so tollkühne Sprünge gewagt wie an diesem Vormittag.

Nachmittags kam Pat mit dem Einspänner und holte die Burnellkinder von der Schule ab. Zu Hause war Besuch. Isabel und Lottie, die gern Besuch hatten, gingen nach oben, um ihre Schürzen zu wechseln. Aber Kezia schlich sich zur Hintertür hinaus. Niemand war zu sehen; sie begann, auf dem großen weißen Hoftor hin und her zu schwingen. Auf einmal sah sie ganz hinten auf der Landstraße zwei kleine Pünktchen. Sie wurden größer, sie kamen auf sie zu. Jetzt konnte sie erkennen, dass eins voraus- und eins hinterherging. Jetzt konnte sie erkennen, dass es die Kelveys waren. Kezia hörte auf zu schwingen. Sie stieg vom Tor ab, als wolle sie davonlaufen. Doch dann besann sie sich. Die Kelveys kamen näher, und neben ihnen gingen ihre Schatten, ganz lange Schatten, die quer über die Straße fielen, so dass ihre Köpfe in den Butterblumen steckten. Kezia kletterte wieder aufs Tor; sie hatte einen Entschluss gefasst; sie setzte das Tor in Schwung.

»Hallo«, sagte sie zu den vorbeigehenden Kelveys.

Die beiden waren so verblüfft, dass sie stehenblieben. Lil lächelte auf ihre einfältige Art. Unsere Else starrte nur.

»Ihr könnt reinkommen und das Puppenhaus ansehen, wenn ihr wollt«, sagte Kezia und ließ einen Zeh über den Boden schleifen. Aber bei diesen Worten wurde Lil ganz rot und schüttelte heftig den Kopf.

»Warum nicht?«, fragte Kezia.

Lil holte tief Luft, dann sagte sie: »Deine Mama hat zu unserer Mama gesagt, ihr dürft nicht mit uns sprechen.«

»Ach so«, sagte Kezia. Sie wusste nicht, was sie antworten sollte. »Das macht nichts. Ihr könnt trotzdem reinkommen und das Puppenhaus angucken. Kommt. Es sieht ja keiner.«

Aber Lil schüttelte nur noch heftiger den Kopf.

»Wollt ihr nicht?«, fragte Kezia.

Plötzlich gab es ein Zupfen, ein Zerren an Lils Rock. Sie drehte sich um. Unsere Else sah sie mit großen, flehenden Augen an; sie hatte die Stirn gerunzelt; sie wollte das Haus sehen. Einen Augenblick sah Lil unsere Else sehr skeptisch an. Aber unsere Else zupfte sie noch einmal am Rock. Lil setzte sich in Bewegung. Kezia ging voran. Wie zwei kleine streunende Katzen folgten sie ihr über den Hof bis vors Puppenhaus.

»Da ist es«, sagte Kezia.

Es entstand eine Pause. Lil atmete schwer, keuchte beinahe; unsere Else war stumm wie ein Fisch.

»Ich mache es euch auf«, sagte Kezia freundlich. Sie löste den Haken, und sie sahen hinein.

»Da ist das Wohnzimmer und das Esszimmer, und da ist das –«

»Kezia!«

Ach, wie sie zusammenzuckten!

»Kezia!«

Es war Tante Beryls Stimme. Sie drehten sich um. An der Hintertür stand Tante Beryl und starrte sie an, als traue sie ihren eigenen Augen nicht.

»Wie kannst du dich unterstehen, die kleinen Kelveys in den Hof zu lassen!«, sagte ihre kalte, aufgebrachte Stimme.

»Du weißt ganz genau, dass du nicht mit ihnen sprechen sollst. Macht, dass ihr fortkommt, Kinder, auf der Stelle. Und lasst euch nicht noch einmal hier blicken«, sagte Tante Beryl. Und sie trat in den Hof und scheuchte sie fort, als seien sie Hühner.

»Raus mit euch, sofort!«, rief sie kalt und überheblich.

Das brauchte sie ihnen nicht zweimal zu sagen. Schamrot und zerknirscht, Lil geduckt wie ihre Mutter, unsere Else benommen, huschten sie über den großen Hof und schlüpften durch das große weiße Tor.

»Du böses, ungezogenes kleines Mädchen!«, sagte Tante Beryl erbittert zu Kezia und schlug das Puppenhaus zu.

Sie hatte einen schrecklichen Nachmittag hinter sich. Ein Brief von Willie Brent war gekommen, ein schrecklicher Brief, in dem er ihr drohte, wenn sie ihn nicht am selben Abend in Pulmans Busch träfe, dann würde er an ihrer Haustür klingeln und wissen wollen, warum! Aber nun, nachdem sie diesen kleinen Ratten von Kelveys Beine gemacht und Kezia die Leviten gelesen hatte, war ihr wieder wohler. Der grässliche Druck war gewichen. Summend ging sie ins Haus zurück.

Als die Kelveys das Haus der Burnells in sicherer Entfernung hinter sich gelassen hatten, setzten sie sich auf eine große rote Bauröhre am Straßenrand und verschnauften. Lil brannten noch immer die Wangen; sie nahm den Hut mit der Feder ab und hielt ihn auf den Knien. Verträumt ließen sie den Blick über die Heuwiesen schweifen, über den Bach bis zu den Mimosenbüschen, wo die Kühe der Logans standen und darauf warteten, gemolken zu werden. Was ging in ihren Köpfen vor?

Plötzlich rückte unsere Else ganz dicht an ihre Schwester

heran. Sie hatte die böse Frau ganz vergessen. Vorsichtig streckte sie einen Finger aus und strich über die Hutfeder der Schwester; dabei lächelte sie ihr seltenes Lächeln.

»Ich hab die kleine Lampe gesehn«, sagte sie ganz leise.

Dann verfielen sie beide wieder in Schweigen.

1921

An der Bucht

I

Tagesanbruch. Die Sonne war noch nicht aufgegangen, und die ganze Crescent Bay lag unter weißem Seenebel verborgen. Die hohen, buschbestandenen Hügel im Hintergrund waren verdeckt. Es war nicht zu erkennen, wo sie aufhörten und die Weiden und Ferienhäuser anfingen. Der Sandweg war verschwunden, und die Weiden und Ferienhäuser jenseits davon auch; von den weißen, mit rötlichem Strandhafer bewachsenen Dünen dahinter war nichts zu sehen; man konnte nur ahnen, was Strand und wo das Meer war. Schwerer Tau war gefallen. Das Gras war blau. Dicke Tropfen hingen an den Büschen und wollten nicht fallen; das silbrige, lockere Toitoi-Gras hing schlaff an den langen Stängeln, und all die Ringelblumen und Bartnelken in den Gärten neigten sich zur Erde unter der Nässe. Die kalten Fuchsien waren über und über betaut, auf den flachen Blättern der Kapuzinerkresse lagen pralle Tauperlen. Es sah aus, als hätte sich das Meer in der Dunkelheit leise herangeschlichen, als wäre eine gewaltige Welle näher, immer näher herangerollt – wie weit? Vielleicht hätte man, wäre man mitten in der Nacht aufgewacht, einen großen Fisch am Fenster aufblitzen und ebenso schnell wieder verschwinden sehen …

»Ah-aah« machte das schlaftrunkene Meer. Und aus dem Eukalyptuswald kam das Geräusch von kleinen rieselnden Bächen, die flink und leicht zwischen den glatten Steinen hindurchschlüpften und sich unter Farnen von Mulde zu Mulde ergossen. Dicke Tropfen fielen klatschend auf große

Blätter, und da war noch etwas – was war das? – ein leichtes Rascheln und Knistern, das Knacken eines Zweiges und dann solch tiefe Stille, dass es schien, als lausche jemand.

Um die Spitze der Crescent Bay, zwischen den riesigen, aufgetürmten Felsbrocken hindurch, kam eine Schafherde getrippelt. Sie drängten sich eng aneinander, eine kleine, wogende, wollige Masse, und trappelten auf ihren spindeldürren Beinen so hastig dahin, als hätten Kälte und Stille sie verschreckt. Hinter ihnen kam ein alter Schäferhund mit nassen, ganz sandigen Pfoten gelaufen, die Nase dicht am Boden, aber eher gleichgültig, als denke er an etwas anderes. Und dann tauchte der Schäfer selbst in dem Felsentor auf. Er war ein hagerer, aufrecht gehender alter Mann in einem Lodenmantel, den ein Netz von winzigen Tropfen bedeckte, Kniehosen aus Samt und einem breitrandigen Hut mit einem gefalteten blauen Taschentuch um die Krempe. Eine Hand steckte im Gürtel, die andere hielt einen wunderbar glatten gelben Stock. Und während er gemächlich dahinschlenderte, pfiff er ganz leise und leicht vor sich hin, schwebende Flötentöne wie von fern, schwermütig und zärtlich zugleich. Der alte Hund schlug ein paar Kapriolen nach Hundeart und hielt dann, beschämt über seine Ausgelassenheit, brüsk inne und ging eine Weile gemessen an der Seite seines Herrn dahin. Die Schafe trappelten vorwärts in kleinen überstürzten Anläufen; sie fingen an zu blöken, und Geisterherden antworteten ihnen vom Grunde des Meeres. »Mäh! Mä-äh!« Eine Zeitlang schienen sie immer auf derselben Stelle zu laufen. Vor ihnen erstreckte sich der Sandweg mit den seichten Pfützen; zu beiden Seiten zogen sich immer dieselben triefenden Büsche und dieselben schattenhaften Zaunpfähle hin. Da tauchte etwas Gewaltiges im Blick auf; ein enormer, zottiger Riese mit ausgestreckten Armen. Es war der große Eukalyptusbaum vor Mrs. Stubbs Laden, und als sie vorbeizogen, lag ein kräftiger Eukalyptusduft in der Luft. Und nun leuchteten große Lichtfelder im Nebel auf. Der Schäfer hörte auf zu pfeifen; er rieb sich die rote Nase und den nassen Bart an seinem nassen Ärmel und sah mit zusammengekniffenen Augen in Richtung Meer. Die Sonne ging auf. Es war wunderbar, wie schnell sich der Nebel lichtete, zerstob, aus der Ebene entwich, den Eukalyptuswald freigab und verschwand, als habe er es eilig, davonzukommen. Dicke Schlingen und Schleifen schubsten und pufften sich gegenseitig, als die silbrigen Strahlen breiter wurden. Der hohe Himmel – ein strahlendes, reines Blau spiegelte sich in den Pfützen, und die an den Telefondrähten entlanggleitenden Tropfen funkelten wie Lichterketten. Jetzt war das unruhige, glitzernde Meer so hell, dass einem beim Hinsehen die Augen wehtaten. Der Schäfer zog seine Pfeife, nicht größer als eine Eichel, aus der Brusttasche, kramte nach einem dicken Stück gesprenkelten Tabak, bröckelte ein paar Krümel ab und stopfte sie. Er war ein ernster, stattlicher alter Mann. Als er die Pfeife anzündete und der blaue Dunst seinen Kopf umwölkte, sah der Hund ihm aufmerksam zu und schien stolz auf ihn.

»Mäh! Määäh!« Die Schafe schwärmten in einen Fächer aus. Sie hatten die Ferienkolonie hinter sich gelassen, bevor der erste Schläfer sich umdrehte und verschlafen den Kopf hob; ihr Blöken drang in die Träume der kleinen Kinder … die die Hände nach den niedlichen, kleinen, wolligen Lämmern ausstreckten, um sie in den Arm zu nehmen. Dann erschien der erste Bewohner: Es war Burnells Katze Florrie, die auf dem Torpfosten saß und wie immer viel zu früh nach dem Milchmädchen Ausschau hielt. Als sie den alten Schäferhund sah, sprang sie rasch auf die Pfoten, machte einen Buckel, zog den getigerten Kopf ein und schüttelte sich hochmütig. »Huch! Was für ein ungehobelter, widerlicher Kerl!«, sagte Florrie. Doch der alte Schäferhund trottete vorbei, ohne den Kopf zu heben, und warf die Beine schlenkernd von einer Seite zur anderen. Nur sein eines Ohr zuckte und verriet, dass er alles sah und sie für ein albernes Frauenzimmer hielt.

Die Morgenbrise erhob sich im Busch, und der Geruch von Laub und feuchter, dunkler Erde mischte sich mit dem scharfen Seegeruch. Myriaden von Vögeln sangen. Ein Goldfink flog über den Kopf des Schäfers hinweg, wandte sich auf der äußersten Zweigspitze wippend der Sonne zu und plusterte seine feinen Brustfedern auf. Jetzt waren sie an der Fischerhütte vorbei und kamen an die rauchgeschwärzte, kleine Maorihütte, wo Leila, das Milchmädchen, mit ihrer alten Großmutter lebte. Die Schafe gerieten in ein gelbes Sumpfgelände, und Wag, der Schäferhund, setzte ihnen nach, trieb sie zusammen und lenkte sie auf den steileren, schmaleren Felsenpass zu, der aus der Crescent Bay heraus in die Daylight Cove führte. »Mäh! Määäh!« Schwächer kam das Blöken, während sie den schnell trocknenden Weg entlangschaukelten. Der Schäfer ließ die Pfeife in die Brusttasche gleiten, so dass nur der kleine Pfeifenkopf oben herausragte. Und sofort setzte das leise, schwebende Pfeifen wieder ein. Wag rannte auf das Felsriff hinaus, hinter etwas her, das roch, und rannte angewidert zurück. Unter Schieben, Schubsen und Hasten verschwanden die Schafe hinter der Wegbiegung, und der Schäfer folgte ihnen nach.

II

Wenig später wurde die Hintertür in einem der Ferienhäuser geöffnet, und eine Gestalt in breitgestreiftem Badeanzug kam über die Weide gerannt, setzte über den Zauntritt,
jagte durch das Büschelgras in den Hohlweg, stolperte die
Dünen hinauf und raste im Galopp über die großen porösen Steine, über die kalten, nassen Kiesel, auf den harten
Sand, der wie Öl glänzte. Plitsch-platsch! Plitsch-platsch!
Das Wasser sprudelte um seine Beine, als Stanley Burnell
triumphierend hinauswatete. Der Erste wie gewöhnlich!
Er hatte sie wieder mal alle geschlagen. Und er beugte sich
vor, um Kopf und Nacken nasszuspritzen.

»Heil, Bruder! Heil dir, Gewaltiger!« Eine sonore Bassstimme dröhnte über das Wasser.

Heiliger Bimbam! Hol ihn der Teufel! Stanley richtete
sich auf und sah weit draußen einen dunklen Kopf und
einen erhobenen Arm auf den Wellen. Es war Jonathan
Trout – vor ihm da! »Herrlicher Morgen!«, sang die Stimme.

»Ja, sehr schön!«, sagte Stanley kurz angebunden. Warum zum Henker blieb der Kerl nicht an seinem eigenen Ba-
destrand? Warum musste er sich ausgerechnet immer an
dieser Stelle breitmachen? Stanley stieß sich ab, warf sich
ins Wasser und holte zum Kraulen aus. Aber Jonathan
konnte mithalten. Er holte ihn ein, das schwarze Haar glatt
in der Stirn, der kurze Bart glatt.

»Ich hatte einen ungewöhnlichen Traum letzte Nacht!«,
rief er.

Was war nur in den Mann gefahren? Dieser manische
Redeschwall ging Stanley unaussprechlich auf die Nerven.
Und es war immer dasselbe – immer irgendwelches Ge-

schwätz über einen Traum, den er gehabt hatte, oder irgendeine Schnapsidee, die ihm gekommen war, oder irgendwelcher Mist, den er gelesen hatte. Stanley drehte sich auf den Rücken und strampelte so heftig mit den Beinen, dass das Wasser wie ein Springbrunnen aufspritzte. Aber umsonst ... »Ich hab geträumt, ich hinge an einer ungeheuer hohen Klippe und riefe unten jemandem etwas zu.« Das sieht dir ähnlich!, dachte Stanley. Er hatte die Nase voll und hörte auf zu strampeln. »Hör mal, Trout«, sagte er, »ich hab's ziemlich eilig heute Morgen.«

»Du hast *was*?« Jonathan war so überrascht – oder tat jedenfalls so –, dass er sich unter Wasser sinken ließ und dann prustend wieder auftauchte.

»Ich meine nur«, sagte Stanley, »ich habe keine Zeit – eh – herumzutrödeln. Ich möchte dies hinter mich bringen. Ich hab's eilig. Schließlich wartet Arbeit auf mich.«

Jonathan war verschwunden, ehe Stanley ausgeredet hatte. »Zieh von dannen, mein Freund!«, sagte die Bassstimme sanft, und lautlos wie ein Fisch glitt er durchs Wasser davon ... Verdammter Kerl! Er hatte Stanleys Morgenbad verdorben. Was für ein wirklichkeitsfremder Idiot der Mann war! Stanley warf sich noch einmal ins Wasser, schwamm ebenso schnell wieder zurück und hetzte auch schon den Strand hoch. Er fühlte sich betrogen.

Jonathan blieb etwas länger im Wasser. Sachte die Hände wie Flossen bewegend, ließ er sich treiben und seinen langen, mageren Körper von den Wellen schaukeln. Es war kurios, aber er hatte Stanley Burnell trotz allem gern. Ihn überkam zwar gelegentlich eine teuflische Lust, sich über ihn lustig zu machen, ihn auf den Arm zu nehmen, aber im Grunde tat ihm der Bursche leid. Die Verbissenheit, mit der er alles in Angriff nahm, hatte etwas Mitleiderregendes. Aber er hatte den leisen Verdacht, dass er eines Tages damit auf die Nase fallen würde, und dann war er der Blamierte! In dem Augenblick fühlte Jonathan sich von einer gewaltigen Welle gehoben, die an ihm vorbeirollte und sich mit fröhlichem Aufschlag am Strand brach. Prachtexemplar! Und jetzt kam noch eine. So musste man das Leben genießen – sorglos, bedingungslos, aufs Ganze gehend. Er fasste Grund und begann langsam ans Ufer zu waten, wobei er die Zehen in den festen, geriffelten Sand krallte. Gelassen bleiben, nicht gegen Ebbe und Flut des Lebens ankämpfen, sondern sich tragen lassen – darauf kam es an. Diese Verkrampftheit war völlig falsch. Leben – leben musste man können! Und der vollkommene Morgen, so frisch und heiter und sonnendurchtränkt, als lache er über seine eigene Schönheit, schien ihm zuzuflüstern: »Warum nicht?«

Aber sobald er aus dem Wasser war, wurde Jonathan blau vor Kälte. Ihm tat alles weh; als wringe jemand das Blut aus ihm heraus. Und während er zitternd und mit verspannten Muskeln den Strand hinaufwankte, hatte er ebenfalls das Gefühl, das Bad sei ihm verdorben. Er war zu lange drin geblieben.

III

Beryl war allein im Wohnzimmer, als Stanley erschien, im dunkelblauen Anzug, mit steifem Kragen und gepunkteter Krawatte. Es war beinahe unheimlich, wie sauber und gebürstet er aussah; er war auf dem Weg in die Stadt. Er ließ sich auf seinen Stuhl fallen, zog die Taschenuhr heraus und legte sie neben den Teller.

»Ich hab noch knapp fünfundzwanzig Minuten«, sagte er. »Vielleicht siehst du mal nach, ob der Haferbrei fertig ist, Beryl?«

»Mutter holt ihn schon«, sagte Beryl. Sie setzte sich an den Tisch und schenkte ihm Tee ein.

»Danke!« Stanley nahm einen Schluck. »Nanu!«, sagte er in erstauntem Ton, »du hast den Zucker vergessen.«

»Oh, tut mir leid!« Aber trotzdem rührte Beryl keinen Finger; sie schob ihm den Zuckertopf hin. Was sollte das heißen? Während Stanley sich bediente, weiteten sich seine blauen Augen; sie schienen zu zittern. Er warf seiner Schwägerin einen raschen Blick zu und lehnte sich zurück.

»Is was?«, fragte er wie nebenbei und fingerte an seinem Kragen.

Beryl hielt den Kopf gesenkt; sie drehte ihren Teller in den Händen.

»Nein«, sagte sie leichthin; dann hob sie den Kopf und lächelte Stanley an. »Wieso?«

»Ooooch! Kein Grund, was mich betrifft. Ich dachte, du … «

In dem Augenblick ging die Tür auf, und drei kleine Mädchen erschienen; jedes trug einen Teller mit Haferbrei in der Hand. Sie waren einheitlich gekleidet in blauen Polohemden und kurzen Hosen; ihre braunen Beine waren nackt, und alle drei hatten das Haar geflochten und zu einer so genannten Affenschaukel hochgesteckt. Hinter ihnen kam Mrs. Fairfield mit dem Tablett.

»Vorsicht, Kinder«, warnte sie. Aber sie ließen größte Vorsicht walten. Es gab nichts Schöneres für sie, als etwas tragen zu dürfen. »Habt ihr eurem Vater guten Morgen gesagt?«

»Ja, Großmama.« Sie ließen sich Stanley und Beryl gegenüber auf der Bank nieder.

»Guten Morgen, Stanley!« Die alte Mrs. Fairfield reichte ihm seinen Teller.

»Morgen, Mutter! Wie geht's dem Jungen?«

»Prächtig! Er ist letzte Nacht nur einmal aufgewacht. Was für ein vollkommener Morgen!« Die alte Frau hielt inne, die Hand auf dem Brotlaib, und blickte durch die offene Tür in den Garten. Das Meer rauschte. Durch das weit geöffnete Fenster strömte die Sonne und fiel auf die gelb lackierten Wände und die nackten Dielen. Alles auf dem Tisch blitzte und glitzerte. In der Mitte stand eine alte Salatschüssel voll gelber und roter Kapuzinerkresse. Sie lächelte, und ein Ausdruck tiefer Zufriedenheit lag in ihren Augen.

»Du könntest mir *endlich* eine Scheibe Brot abschneiden, Mutter«, sagte Stanley. »Ich habe noch zwölfeinhalb Minuten, ehe die Postkutsche kommt. Hat jemand dem Dienstmädchen meine Schuhe gegeben?«

»Ja, sie stehen für dich bereit.« Mrs. Fairfield ließ sich nicht aus der Ruhe bringen.

»Ach, Kezia! Du bist doch ein kleines Ferkel!«, rief Beryl verzweifelt.

»Ich, Tante Beryl?« Kezia starrte sie an. Was hatte sie nun wieder angestellt? Sie hatte nur einen Fluss quer durch ihren Haferbrei gegraben, ihn aufgefüllt, und aß nun die Ufer weg. Aber das tat sie jeden Morgen, und bis jetzt hatte niemand etwas dagegen gehabt.

»Warum kannst du nicht ordentlich essen wie Isabel und Lottie?« Wie ungerecht Erwachsene sind!

»Aber Lottie macht auch immer eine schwimmende Insel, nicht, Lottie?«

»Ich nicht«, sagte Isabel altklug. »Ich streue nur Zucker drauf und gieße Milch drüber und esse alles brav auf. Nur Babys spielen mit dem Essen.«

Stanley schob seinen Stuhl zurück und stand auf.

»Kannst du mir die Schuhe holen, Mutter? Und, Beryl, wenn du fertig bist, könntest du schnell ans Tor laufen und die Postkutsche anhalten? Isabel, geh und frag Mutter, wo meine Melone hingekommen ist. Moment mal, Kinder – habt ihr mit meinem Stock gespielt?«

»Nein, Vater!«

»Aber ich habe ihn hier hingestellt.« Stanley brauste auf. »Ich weiß genau, dass ich ihn hier in die Ecke gelegt habe. Also, wer hat ihn gehabt? Es wird allerhöchste Zeit. Ein bisschen dalli! Der Stock muss her!«

Sogar Alice, das Dienstmädchen, wurde verdächtigt. »Du hast damit doch nicht etwa im Herdfeuer herumgestochert?«

Stanley stürzte ins Schlafzimmer, wo Linda lag. »Das ist ja die Höhe! In diesem Haus ist nichts sicher. Jetzt haben sie auch noch meinen Stock verloren!«

»Stock, Liebling? Was für einen Stock?« Lindas Gleichgültigkeit bei diesen Anlässen war nicht zu fassen, fand Stanley. Hatte denn keiner Verständnis für ihn?

»Die Postkutsche! Die Postkutsche, Stanley!«, rief Beryls Stimme vom Tor her.

Stanley winkte Linda mit dem Arm. »Keine Zeit zum Aufwiedersehensagen!«, rief er. Und er meinte das als Strafe für sie.

Er schnappte sich seine Melone, stürzte aus dem Haus

und rannte den Gartenweg entlang. Ja, die Postkutsche wartete, und Beryl stand über das offene Tor gelehnt und schäkerte mit jemandem, als sei nichts passiert. Die Herzlosigkeit von Frauen! Hielten es für selbstverständlich, dass man sich für sie abrackerte, während sie es nicht einmal für nötig hielten, aufzupassen, dass einem der Spazierstock nicht abhandenkam! Kellys Peitsche schwebte abwartend über dem Pferderücken.

»Wiedersehen, Stanley«, rief Beryl honigsüß und vergnügt. Sie hatte gut reden! Da stand sie, untätig, die Hand schützend über die Augen gelegt. Das Schlimmste war, dass Stanley anstandshalber ebenfalls auf Wiedersehen rufen musste. Dann sah er, wie sie sich umdrehte, einen kleinen Hüpfer machte und zum Haus zurücklief. Sie war froh, ihn los zu sein!

Ja, sie war erleichtert. Sie lief direkt ins Wohnzimmer und verkündete: »Er ist fort!« Linda rief aus ihrem Zimmer: »Beryl! Ist Stanley fort?« Die alte Mrs. Fairfield erschien, den Jungen in seinem kleinen Flanelljäckchen auf dem Arm.

»Fort?«

»Fort!«

Ach, was für eine Erlösung, den Mann endlich aus dem Haus zu haben. Selbst ihre Stimmen klangen verändert, als sie sich gegenseitig riefen; sie klangen warm und liebevoll, als teilten sie ein Geheimnis. Beryl ging zum Tisch hinüber. »Nimm noch eine Tasse Tee, Mutter. Er ist noch heiß.« Sie hätte es irgendwie gern gefeiert, dass sie nun tun und lassen konnten, was sie wollten. Kein Mann, der sie störte; der ganze vollkommene Tag gehörte ihnen.

»Nein, danke, mein Kind«, sagte die alte Mrs. Fairfield,

aber an der Art, wie sie gleich darauf den Jungen mit einem »butsi-butsi-butsi« durch die Luft schwenkte, merkte man, dass es ihr genauso ging ... Die kleinen Mädchen liefen auf die Wiese hinaus wie Hühner, die man aus dem Stall lässt.

Selbst Alice, das Dienstmädchen, das in der Küche beim Geschirrwaschen war, fühlte sich angesteckt und ging geradezu verschwenderisch mit dem kostbaren Tankwasser um.

»Ach, diese Männer!«, sagte sie, und sie tauchte den Teetopf in die Abwaschschüssel und hielt ihn noch unter Wasser, als schon längst keine Blasen mehr kamen, als sei er ein Mann, für den Ertrinken noch zu schade war.

IV

»Warte auf mich, Isabel! Kezia, wartet auf mich!«

Die arme, kleine Lottie fand sich wieder einmal im Stich gelassen, weil es ihr so furchtbar schwerfiel, allein über den Zaunstieg zu klettern. Als sie auf der obersten Stufe stand, fingen ihre Knie an zu zittern; sie umklammerte den Pfosten. Nun musste man ein Bein hinüberheben. Aber welches Bein? Sie konnte sich nie entschließen. Und als sie schließlich mit dem Mut der Verzweiflung ein Bein hinübergehoben hatte – war das Gefühl noch schrecklicher. Halb war sie auf der Weide, halb im Büschelgras. Sie klammerte sich verzweifelt an den Pfosten und rief noch lauter: »Wartet auf mich!«

»Nein, warte nicht auf sie, Kezia!«, sagte Isabel. »So eine alberne Gans. Immer macht sie Theater. Komm!« Und sie zog Kezia am Hemd. »Du darfst auch meinen Eimer benutzen, wenn du mit mir kommst«, sagte sie freundlich. »Er ist größer als deiner.« Aber Kezia konnte Lottie nicht sich selbst überlassen. Sie lief zu ihr zurück. Inzwischen war Lottie ganz rot im Gesicht und keuchte schwer.

»Hier, setz den andern Fuß rüber«, sagte Kezia.

»Wohin?«

Lottie sah wie von einem Berggipfel auf Kezia hinunter.

»Hier, wo meine Hand ist.« Kezia tippte auf die Stelle.

»Ach, *da* meinst du?« Lottie stieß einen tiefen Seufzer aus und setzte den zweiten Fuß hinüber.

»Und jetzt – dreh dich um und setz dich hin und lass dich runterrutschen«, sagte Kezia.

»Aber da ist doch nichts zum *Drauf*setzen, Kezia«, sagte Lottie.

Schließlich war es geschafft, und als sie es heil überstanden hatte, schüttelte sie sich und begann zu strahlen.

»Ich kann schon viel besser über Zäune klettern, nicht, Kezia?«

Lottie hatte ein sehr optimistisches Gemüt.

Das rosa und das blaue Sonnenhütchen folgten Isabels leuchtend rotem Sonnenhütchen die glatte rutschende Düne hinauf. Oben machten sie halt, um zu beschließen, wohin sie gehen sollten und sich in Ruhe anzusehen, wer schon alles da war. Wie sie so gegen den Himmel standen und wild mit ihren Spaten gestikulierten, sahen sie von hinten wie winzige, ratlose Forschungsreisende aus.

Die ganze Familie Samuel Josephs war bereits da, und zwar mit ihrer Miss, die auf einem Safaristuhl saß und für Disziplin sorgte mit einer um den Hals hängenden Trillerpfeife und einem kleinen Stöckchen, um die Manöver zu dirigieren. Die Samuel Josephs spielten nie für sich allein oder organisierten ihre eigenen Spiele. Und wenn doch, dann endete es immer damit, dass die Jungen den Mädchen Wasser in den Kragen gossen oder die Mädchen versuchten, den Jungen kleine schwarze Krebse in die Taschen zu stecken. Also entwarfen Mrs. S. J. und die arme Miss jeden Morgen ein so genanntes »Brogramm«, damit sie sich »abüsierten und keine Dubbheiten« machten. Es waren immer nur Wettspiele, Wettrennen oder Pfänderspiele. Alles begann und endete immer mit einem schrillen Pfiff aus der Trillerpfeife der Miss. Es gab sogar Preise – große, ziemlich unansehnliche Päckchen, die das Fräulein mit einem sauren, kleinen Lächeln aus ihrem prallen Strandnetz zog. Die Samuel Josephs kämpften verbissen um diese Preise und schummelten und kniffen sich gegenseitig in die Arme – sie waren alle ganz durchtriebene Kneifer. Das einzige Mal, dass die Burnell'schen Kinder je mit ihnen gespielt hatten, hatte Kezia einen Preis gewonnen, und als sie die drei Schichten Papier ausgewickelt hatte, war ein ganz kleiner, rostiger Stiefelknöpfer zum Vorschein gekommen. Sie begriff nicht, warum sie so viel Wind darum machten …

Seitdem spielten sie nicht mehr mit den Samuel Josephs und gingen nicht einmal zu ihren Kinderfesten. Die Samuel Josephs gaben nämlich in einem fort Kinderfeste an der Bucht, und es gab immer dasselbe zu essen. Eine große Waschschüssel voll ganz braunem Obstsalat, in Viertel geschnittene Brötchen und einen Waschkrug voll von etwas, das das Fräulein »Limonaad« nannte. Und abends ging man nach Hause, die halbe Spitze vom Kleid abgerissen oder die ganze bestickte Schürze vorne bekleckert, während die Samuel Josephs noch wie die Wilden auf dem Rasen herumtobten. Nein! Sie waren einfach zu grässlich!

Auf der anderen Seite des Strandes, ganz dicht am Wasser, funkelten zwei kleine Jungen mit aufgerollten Hosenbeinen wie Spinnen in der Sonne. Einer war mit Graben beschäftigt, und der andere trabte zwischen Strand und Wasser hin und her und füllte einen kleinen Eimer. Das waren die Trout'schen Jungen, Pip und Rags. Aber Pip war so emsig beim Graben und Rags ging ihm so emsig zur Hand, dass sie ihre kleinen Kusinen erst bemerkten, als die schon ganz in der Nähe waren.

»Guckt mal!«, sagte Pip. »Guckt mal, was ich entdeckt habe.« Und er hielt ihnen einen alten, nassen, ausgelatschten Stiefel entgegen. Die drei kleinen Mädchen machten große Augen.

»Was willst du denn damit anfangen?«, fragte Kezia.

»Behalten, natürlich!« Pip klang sehr verächtlich. »Das ist Strandgut – verstehst du?«

Ja, Kezia verstand durchaus. Trotzdem …

»Da liegt noch alles Mögliche im Sand vergraben«, erklärte Pip. »Das wird alles von den Wracks angeschwemmt. Richtige Schätze. Ich sag euch – man kann –«

»Aber warum muss Rags immer Wasser nachgießen?«, fragte Lottie.

»Damit es feucht bleibt«, sagte Pip, »das macht die Arbeit ein bisschen leichter. Mach weiter, Rags.«

Und der gutmütige kleine Rags lief hin und her und goss Wasser nach, das sich braun färbte wie Kakao.

»Hier, soll ich euch mal zeigen, was ich gestern gefunden habe?«, sagte Pip geheimnisvoll und stieß seinen Spaten in den Sand. »Schwört, dass ihr nichts verratet.«

Sie schworen.

»Sagt ›Hand aufs Herz‹ und ›Ehrenwort‹.«

Die kleinen Mädchen gehorchten.

Pip zog etwas aus der Tasche, rieb es lange an seinem Hemd, hauchte darauf und rieb es noch einmal.

»Dreht euch um!«, befahl er.

Sie drehten sich um.

»Alle in die gleiche Richtung gucken! Nicht bewegen! Jetzt!«

Und er öffnete die Hand. Er hielt etwas ins Licht, das blitzte, das funkelte, in einem wunderschönen Grün.

»Das ist ein Nedelstein«, sagte Pip andächtig.

»Wirklich, Pip?« Selbst Isabel war beeindruckt.

Das wunderschöne grüne Etwas schien in Pips Fingern zu tanzen. Tante Beryl hatte einen Nedelstein in einem Ring, aber nur einen ganz kleinen. Dieser war so groß wie ein Stern und viel schöner.

V

Mit fortgeschrittenem Vormittag tauchten ganze Gruppen über den Dünen auf und kamen zum Strand herunter, um zu baden. Es war ein ungeschriebenes Gesetz, dass die Frauen und Kinder der Feriensiedlung das Meer ab elf Uhr für sich hatten. Zuerst entkleideten sich die Frauen, zogen ihre Badekostüme an und setzten sich hässliche Badekappen auf, wie richtige Kulturbeutel. Dann wurden die Kinder ausgezogen. Der Strand war mit kleinen Haufen von Kleidern und Schuhen übersät; die großen Sommerhüte, mit Steinen beschwert, damit sie nicht fortflogen, sahen wie riesige Muscheln aus. Merkwürdig, sogar das Meer schien anders zu klingen, als all die hüpfenden, lachenden Gestalten in die Wellen liefen. Die alte Mrs. Fairfield, in einem fliederfarbenen Leinenkleid und schwarzem, unter dem Kinn gebundenen Hut, versammelte ihre kleine Schar um sich und machte sie bereit. Die kleinen Trout-Jungen rissen sich die Hemden über den Kopf, und die fünf waren auf und davon, während ihre Großmutter dasaß, eine Hand in ihrem Strickbeutel, aus dem sie ein Wollknäuel zog, sobald sie sah, dass alle sicher im Wasser waren.

Die strammen, stämmigen kleinen Mädchen waren längst nicht so tapfer wie die zarten, schmächtig aussehenden Jungen. Pip und Rags zögerten keinen Moment, bibbernd tauchten sie unter Wasser und schlugen mit den Armen. Aber Isabel, die schon zwölf Züge schwimmen, und Kezia, die beinahe acht schwimmen konnte, folgten nur unter der strikten Bedingung, dass sie nicht gespritzt würden. Was Lottie betraf, so folgte sie überhaupt nicht. Sie wollte in Ruhe gelassen werden und auf ihre Art ins Wasser gehen, bitte sehr. Und ihre Art war es, sich am Rand des Wassers niederzulassen, die Beine ausgestreckt, die Knie zusammengepresst, und vage mit den Armen zu rudern, als erwarte sie, aufs weite Meer getragen zu werden. Aber wenn eine größere Welle als gewöhnlich, eine schnauzbärtige alte Welle auf sie zugezockelt kam, dann rappelte sie sich mit Grauen im Gesicht auf und floh den Strand hinauf.

»Hier, Mutter, kannst du die für mich aufbewahren?«

Zwei Ringe und ein dünnes Goldkettchen fielen Mrs. Fairfield in den Schoß.

»Ja, mein Kind. Aber willst du nicht hier baden?«

»Nei-hein«, sagte Beryl gedehnt. Es klang ausweichend. »Ich ziehe mich weiter drüben aus. Ich bade mit Mrs. Harry Kember.«

»Wie du meinst.« Aber Mrs. Fairfield presste die Lippen

zusammen. Sie schätzte Mrs. Harry Kember nicht. Beryl wusste das.

Arme Mutter! Sie lächelte, als sie über die Steine davon-hüpfte. Arme, alte Mutter! Alt! Ach, was für ein Segen, was für ein Glück, jung zu sein …

»Sie sehen so vergnügt aus«, sagte Mrs. Harry Kember. Sie saß zusammengekauert auf den Steinen, die Arme um die Knie geschlungen, und rauchte.

»An einem so schönen Tag«, sagte Beryl und sah lächelnd auf sie herab.

»Ach, du *meine* Güte!« Mrs. Harry Kembers Stimme klang, als wisse sie es besser. Aber schließlich klang ihre Stimme immer, als wisse sie besser über einen Bescheid als man selbst. Sie war eine lange, dünne, merkwürdig aussehende Frau mit schmalen Händen und Füßen. Ihr Gesicht war ebenfalls lang und schmal und hatte etwas Abgespanntes; selbst ihr blonder, eingerollter Pony sah erschöpft und welk aus. Sie war die einzige Frau an der Bucht, die rauchte, und sie rauchte unablässig, behielt die Zigarette beim Sprechen zwischen den Lippen und nahm sie nur heraus, wenn die Asche so lang war, dass man nicht recht begriff, warum sie nicht abfiel. Wenn sie nicht Bridge spielte – und sie spielte tagein, tagaus Bridge –, verbrachte sie ihre Zeit damit, in der prallen Sonne zu liegen. Die Hitze machte ihr nichts; sie konnte nicht genug davon bekommen. Trotzdem schien sie dabei nicht warm zu werden. Ausgedörrt, verwelkt, kalt lag sie auf den Steinen ausgestreckt wie ein angeschwemmtes Stück Treibholz. Die Frauen an der Bucht hielten sie für ein richtiges Flittchen. Ihr Mangel an Eitelkeit, ihr Jargon, die Art, wie sie mit Männern umging, als sei sie selbst einer, und die Tatsache, dass sie sich überhaupt nicht um ihren Haushalt kümmerte und das Dienstmädchen Gladys »Glatteis« nannte, war skandalös. Sie stand auf den Verandastufen und rief mit ihrer gleichgültigen, apathischen Stimme: »He, Glatteis, schmeiß mir doch mal ein Taschentuch rüber, wenn eins da ist, ja?« Und Glatteis, eine rote Schleife statt eines Häubchens im Haar und in weißen Schuhen, kam mit einem unverschämten Lächeln angelaufen. Es war der reinste Skandal! Zugegeben, sie hatte keine Kinder, und ihr Mann … an diesem Punkt wurden die Stimmen noch lauter, geradezu hitzig. Wie hatte er sie nur heiraten können? Ja, wie nur, wie nur? Natürlich steckte Geld dahinter, was sonst, aber trotzdem!

Mrs. Kembers Mann war mindestens zehn Jahre jünger als sie und so unglaublich gut aussehend, dass er eher einer Maske oder einem dieser makellosen Charaktere in amerikanischen Romanen ähnelte als einem Mann. Schwarzes Haar, dunkelblaue Augen, rote Lippen, ein langsames, schläfriges Lächeln, ein guter Tennisspieler, ein perfekter Tänzer und obendrein undurchschaubar. Harry Kember war wie ein Schlafwandler. Männer konnten ihn nicht ausstehen, sie konnten kein Wort aus dem Mann herauskriegen; er vernachlässigte seine Frau genauso wie sie ihn. Wie lebte er? Natürlich waren Gerüchte im Gange, und was für welche! Man konnte sie einfach nicht weitererzählen. Die Frauen, mit denen man ihn gesehen, die Örtlichkeiten, an denen man ihn gesehen hatte … aber etwas Genaues, etwas Bestimmtes wusste niemand. Manche Frauen an der Bucht waren insgeheim überzeugt, er würde eines Tages einen Mord begehen. Ja, selbst wenn sie mit Mrs. Kember sprachen und den geschmacklosen Aufzug, den sie bot, musterten, sahen sie sie ausgestreckt am Strand liegen;

aber kalt, blutüberströmt, und immer noch mit der Zigarette im Mundwinkel.

Mrs. Kember erhob sich, gähnte, öffnete ihre Gürtelschnalle und zog ihr Blusenbändchen auf. Und Beryl stieg aus ihrem Rock, zog ihren Pullover aus und stand in kurzem, weißen Unterrock und auf der Schulter gebundenem Leibchen da.

»Gott steh uns bei«, sagte Mrs. Harry Kember, »was für eine kleine Schönheit Sie sind!«

»Nicht doch!«, sagte Beryl leise; aber während sie erst einen und dann den anderen Strumpf auszog, kam sie sich tatsächlich wie eine kleine Schönheit vor.

»Warum denn nicht – meine Liebe?«, sagte Mrs. Kember und trat mit den Füßen auf ihren Unterrock. Also, wirklich – ihre Unterwäsche! Ein Paar blaue Baumwollunterhosen und ein Leinenmieder, das einen irgendwie an ein Kopfkissen erinnerte ... »Und Sie tragen wirklich kein Korsett?« Sie fasste Beryl an die Taille, und Beryl sprang mit einem kleinen affektierten Schrei zur Seite. Dann sagte sie fest: »Nie!«

»Beneidenswertes Geschöpf«, seufzte Mrs. Kember, während sie ihr Korsett aufhakte.

Beryl drehte ihr den Rücken zu und begann, Verrenkungen zu machen bei dem Versuch, sich gleichzeitig aus- und den Badeanzug anzuziehen.

»Ach, meine Liebe, vor mir brauchen Sie sich nicht zu genieren«, sagte Mrs. Harry Kember. »Warum so schüchtern! Ich fresse Sie nicht. Ich bin nicht so zimperlich wie die Gänse da drüben.« Und sie lachte auf ihre merkwürdig wiehernde Art und schnitt den anderen Frauen ein Gesicht.

Aber Beryl war schüchtern. Sie zog sich nie in Gegenwart anderer aus. War das albern? Mrs. Harry Kember gab ihr das Gefühl, es sei albern und obendrein noch beschämend. Warum also schüchtern sein? Sie warf ihrer Freundin, die so unbekümmert in ihrem zerrissenen Hemd dastand und sich eine neue Zigarette anzündete, einen raschen Blick zu; und eine schnelle, trotzige, verwegene Regung stieg in ihr auf. Sie lachte herausfordernd, zog den schlaffen, sandigen, noch nicht ganz trockenen Badeanzug an und schloss die verbogenen Knöpfe.

»Gut so!«, sagte Mrs. Harry Kember. Sie gingen gemeinsam zum Wasser hinunter. »Wirklich eine Sünde, dass Sie überhaupt etwas anhaben, meine Liebe. Das muss Ihnen jemand eines Tages sagen.«

Das Wasser war ganz warm. Es hatte dieses wunderbare, durchsichtige, mit Silber gesprenkelte Blau, aber der Sand am Grund war wie Gold; wenn man die Zehen hineinstieß, stieg eine kleine Wolke aus Goldstaub auf. Jetzt reichten ihr die Wellen bis an die Brust. Beryl stand mit ausgestreckten Armen da und sah übers Wasser, und bei jeder Welle stieß sie sich ganz leicht vom Boden ab, so dass es aussah, als würde sie von der sanften Dünung getragen.

»Ich stehe auf dem Standpunkt, hübsche Mädchen sollten das Leben genießen«, sagte Mrs. Harry Kember. »Warum auch nicht? Lassen Sie sich nur nicht kopfscheu machen, meine Liebe. Amüsieren Sie sich.« Und plötzlich tauchte sie kopfüber unter und schwamm blitzschnell wie eine Ratte davon. Dann machte sie kehrt und schwamm zurück. Sie wollte noch etwas sagen. Beryl merkte, wie sie von dieser eiskalten Frau vergiftet wurde, doch sie brannte auf ihre Worte. Doch wie sonderbar, wie grässlich! Als

Mrs. Harry Kember näher kam, das schläfrige Gesicht eben mit dem Kinn aus dem Wasser ragend, sah sie in ihrer schwarzen, wasserdichten Badekappe wie eine grässliche Karikatur ihres Mannes aus.

VI

Im Liegestuhl unter einem Manukabaum, der mitten auf dem Rasen im Vorgarten stand, verträumte Linda Burnell den Vormittag. Sie tat nichts. Sie blickte in das dunkle, dichte, trockene Laub des Manukabaums hinauf, in die blauen Gucklöcher dazwischen, und von Zeit zu Zeit fiel eine kleine gelbliche Blüte auf sie herab. Hübsch, ja – hielt man eine dieser Blüten auf der Handfläche und betrachtete sie ganz aus der Nähe, dann sah man, was für ein Meisterwerk sie war. Jedes blassgelbe Blütenblatt leuchtete wie von liebevoller Hand sorgfältig gemacht. Der winzige Stempel in der Mitte gab ihr die Form eines Glöckchens. Und wenn man sie umdrehte, hatte das Äußere einen warmen Bronzeton. Aber sobald sie aufgeblüht waren, fielen sie ab und verwelkten. Man musste sie sich ständig vom Kleid fegen im Gespräch; und die widerlichen kleinen Biester verfingen sich im Haar. Wozu blühten sie dann überhaupt? Wer machte sich die Mühe – oder das Vergnügen –, all diese Dinge herzustellen, die doch nur verschwendet, ja, verschwendet waren … Es war unheimlich.

Auf dem Gras neben ihr lag zwischen zwei Kissen der Junge. In tiefem Schlaf lag er da, das Köpfchen von seiner Mutter abgewandt. Sein feines dunkles Haar glich eher einem Schatten als richtigem Haar, aber sein Ohr war ein leuchtendes tiefes Korallenrot. Linda verschränkte die Hände hinterm Kopf und schlug die Füße übereinander. Sie genoss es, dass alle Häuser leer waren, dass alle am Strand unten waren, niemand zu sehen, niemand zu hören. Sie hatte den Garten für sich; sie war allein.

Blendend weiß leuchteten die Picoteerosen; die goldäugigen Ringelblumen funkelten; die Kapuzinerkresse rankte sich in grüngoldenen Flammen um die Verandapfosten. Wenn man nur Zeit hätte, diese Blumen lange genug zu betrachten, Zeit, das Gefühl von Überraschung und Befremden zu überwinden, Zeit, sie kennenzulernen! Aber kaum hielt man inne, um die Blütenblätter auseinanderzubiegen, die Unterseite eines Blattes zu entdecken, schon kam das Leben daher und man wurde mitgerissen. Und in ihrem Liegestuhl ausgestreckt, fühlte sich Linda so leicht, sie fühlte sich wie ein Blatt. Und schon kam das Leben wie ein Windstoß daher und packte und schüttelte sie; sie musste mit. Lieber Gott, würde das nie anders werden? Gab es kein Entrinnen?

… Und jetzt saß sie an das Knie ihres Vaters gelehnt auf der Veranda in ihrem Haus in Tasmanien; und er versprach ihr: »Wenn wir beide groß sind, Linnie, dann brechen wir auf und machen uns davon. Wir beiden Männer. Ich hätte Lust, einen Fluss in China entlangzusegeln.« Linda sah den Fluss, sehr breit und voll von kleinen Flößen und Booten. Sie sah die gelben Hüte der Schiffer und hörte ihre hohen, dünnen Stimmen rufen …

»Ja, Papa.«

Aber genau in dem Augenblick spazierte ein breitschultriger junger Mann mit leuchtend rotem Haar langsam an ihrem Haus vorbei und zog langsam, beinahe ehrfürchtig den Hut. Lindas Vater zog sie auf seine neckende Art am Ohr.

»Lindas Verehrer«, flüsterte er.

»Ach, Papa, kannst du dir vorstellen, mit Stanley Burnell verheiratet zu sein!«

Aber nun war sie mit ihm verheiratet. Und mehr noch, sie liebte ihn. Nicht den Stanley, den alle kannten, nicht den Alltags-Stanley, sondern den schüchternen, zartfühlenden, arglosen Stanley, der jede Nacht niederkniete, um zu beten, und der so gern ein guter Mensch sein wollte. Stanley war einfältig. Wenn er an Leute glaubte – wie zum Beispiel an sie –, dann von ganzem Herzen. Er konnte nicht untreu werden; er konnte nicht lügen. Und wie schrecklich er litt, wenn er merkte, dass jemand – sie zum Beispiel – nicht absolut ehrlich und aufrichtig mit ihm war. »Das ist mir zu raffiniert!« Er schleuderte die Worte heraus, aber sein offener, zitternder, verletzter Blick war der eines gefangenen Tieres.

Das Problem war nur – und hier musste Linda beinahe lachen, obwohl es, weiß Gott, nicht zum Lachen war –, sie sah *ihren* Stanley so selten. Es gab Lichtblicke, Momente, ruhige Atempausen, aber die meiste Zeit hatte man das Gefühl, in einem Haus zu leben, das ständig in Gefahr war, in Flammen aufzugehen, oder auf einem Schiff, das täglich auf Grund lief. Und immer war Stanley mitten im Getümmel. Sie verbrachte ihre ganze Zeit damit, ihn zu retten, ihn zu trösten, ihm gut zuzureden und seiner Version zuzuhören. Den Rest der Zeit lebte sie in der Angst, Kinder zu bekommen.

Linda runzelte die Stirn; sie richtete sich rasch in ihrem Liegestuhl auf und umklammerte ihre Fußgelenke. Ja, das war ihr eigentlicher Vorwurf gegen das Leben; das war es, was sie nicht verstehen konnte. Das war die Frage, die sie immer wieder stellte und auf die sie nie eine Antwort bekam. Man konnte lange behaupten, es sei nun mal das Los der Frauen, Kinder zu gebären. Es stimmte einfach nicht. Sie, zum Beispiel, war der beste Gegenbeweis. Sie war gebrochen, geschwächt, aller Mut war ihr vom Kinderkriegen vergangen. Und das Schlimmste daran war, dass sie ihre Kinder nicht einmal liebte. Wozu sich etwas vormachen? Selbst wenn sie die Kraft gehabt hätte, hätte sie die kleinen Mädchen niemals umsorgt und mit ihnen gespielt. Nein, es war, als hätte ein kalter Atem sie durch und durch erstarren lassen auf jeder dieser schrecklichen Reisen; sie besaß keine Wärme mehr, die sie ihnen hätte geben können. Was den Jungen anging – dem Himmel sei Dank, dass Mutter sich seiner annahm; er gehörte Mutter oder Beryl, oder wer immer ihn wollte. Sie hatte ihn kaum in den Armen gehalten. Er war ihr so gleichgültig, wie er da unten lag … Linda warf einen Blick auf ihn.

Der Junge hatte sich umgedreht. Er lag ihr zugewandt und schlief nicht mehr. Seine dunkelblauen Kinderaugen waren offen; er sah aus, als beobachte er seine Mutter. Und plötzlich traten Grübchen in sein Gesicht; er brach in ein breites, zahnloses Lächeln aus, ein Strahlen geradezu, nichts weniger.

»Hier bin ich!«, schien das glückliche Lächeln zu sagen. »Warum magst du mich nicht?«

Das Lächeln hatte etwas so Drolliges, so Unerwartetes, dass Linda selbst lächeln musste. Aber sie besann sich und sagte kalt zu dem Jungen: »Ich mag keine Säuglinge.«

»Du magst keine Säuglinge?« Der Junge konnte es nicht

glauben. »Du magst *mich* nicht?« Er winkte seiner Mutter wie närrisch mit den Armen.

Linda ließ sich vom Stuhl ins Gras gleiten.

»Warum lächelst du so?«, sagte sie streng. »Wenn du wüsstest, was ich denke, würdest du das lassen.«

Aber er kniff nur schelmisch die Augen zusammen und ließ den Kopf auf dem Kissen hin und her rollen. Er glaubte ihr kein einziges Wort.

»Mir kannst du nichts vormachen!«, lächelte der Junge.

Linda war so erstaunt über das Selbstvertrauen dieses kleinen Burschen ... Ach nein, keine Ausflüchte! Das war es nicht, was sie empfand; es war etwas ganz anderes, es war etwas so Neues, so ... Die Tränen tanzten ihr in den Augen; ganz leise wisperte sie dem Jungen zu: »Hallo, mein kleiner Mann.«

Aber inzwischen hatte der Junge seine Mutter vergessen. Er war wieder ernst. Etwas Rosiges, etwas Weiches bewegte sich über ihm. Er griff danach, und im Nu war es verschwunden. Aber als er sich zurücklegte, erschien das Gleiche noch einmal. Diesmal war er entschlossen, es zu fangen. Er machte eine gewaltige Anstrengung und rollte direkt auf den Bauch.

VII

Es war Ebbe; der Strand lag verlassen; träge lappte das laue Meer ans Ufer. Die Sonne brannte vom Himmel, brannte heiß und glühend auf den feinen Sand und grillte die grauen, blauen, schwarzen und weißgeäderten Kiesel. Sie saugte den kleinen Wassertropfen aus der Höhlung der geschwungenen Muscheln; sie bleichte die rosa Strandwinde, die sich überall durch die Dünen schlängelte. Nichts schien sich zu rühren, außer den kleinen Sandflöhen. »Pit-pit-pit.« Sie konnten nicht stillsitzen.

Drüben auf den algenbewachsenen Felsen, die bei Ebbe wie zottige Tiere an der Tränke aussahen, kreiste das Sonnenlicht in den kleinen Wasserlöchern, als seien Silbermünzen hineingefallen. Sie tanzten, sie flimmerten, und winzige Wellen schwappten an die porösen Ufer. Wenn man sich darüberbeugte und von oben hineinsah, war jedes Loch wie ein See, dessen Ufer mit rosa und blauen Häusern bestanden waren; und, oh, die gewaltige Gebirgslandschaft hinter den Häusern – die Schluchten, die Pässe, die reißenden Bäche und schwindelerregenden Pfade, die zum Wasser hinunterführten! Unten am Grund wiegte sich der Meereswald – fadendünne, rosa Bäume, samtene Anemonen und orangefarbene, gesprenkelte Algen. Jetzt bewegte sich ein Stein am Boden, schaukelte und ein schwarzer Fühler kam zum Vorschein; jetzt schlängelte sich ein fadendünnes Wesen vorbei und verlor sich rasch wieder. Irgendetwas ging mit den schwankenden rosa Bäumen vor; sie verfärbten sich zu einem kalten Mondscheinblau. Und jetzt war ein ganz schwaches »plumps« zu hören. Woher kam das Geräusch? Was ging da unten vor? Und wie streng, wie feucht die Algen in der heißen Sonne rochen …

In den Häusern der Ferienkolonie waren die grünen Rollos heruntergezogen. Erschöpft aussehende Badeanzüge und grobe, gestreifte Handtücher hingen über Geländern, lagen im Gras oder waren über Zäune geworfen. Auf jeder Fensterbank gab es ein Paar Turnschuhe, eine Steinsammlung, einen Eimer oder einen Haufen Pawamuscheln. Der

Eukalyptuswald flimmerte in der Hitze. Der Sandweg lag verlassen, nur Trouts Hund Snooker lag ausgestreckt mittendrauf. Er hatte die blauen Augen nach oben verdreht, die Beine steif von sich gestreckt und gab von Zeit zu Zeit einen so herzzerreißenden Laut von sich, als habe er beschlossen, den Geist aufzugeben und warte nur darauf, dass ein barmherziger Karren daherkomme.

»Wohin siehst du, Großmama? Warum hörst du immer auf und starrst an die Wand?«

Kezia und ihre Großmutter hielten gemeinsam Siesta. Das kleine Mädchen lag mit nackten Armen und Beinen und nur mit kurzem Unterhöschen und Leibchen bekleidet auf einem der dicken Federkissen auf Großmutters Bett, und die alte Frau saß in einem weißen, rüschenbesetzten Morgenrock im Schaukelstuhl am Fenster und hatte ein langes, rosa Strickzeug im Schoß. Das Zimmer, das sie teilten, war wie alle Räume des Sommerhauses aus hellem gebeiztem Holz mit nackten Dielen. Die Möbel waren ziemlich schäbig und anspruchslos. Der Ankleidetisch zum Beispiel bestand aus einer mit einem Röckchen aus geblümtem Musselin bespannten Kiste, und der Spiegel darüber war sehr eigenartig; er sah aus, als habe sich darin ein kleiner, zickzackförmiger Blitz gefangen. Auf dem Tisch stand ein Glas mit so dicht gebundenen Strandnelken, dass sie eher wie ein samtenes Nadelkissen aussahen, und eine besonders schöne Muschel, die Kezia ihrer Großmutter als Stecknadelschale geschenkt hatte, und eine noch viel schönere, von der sie fand, dass sich eine Uhr wunderbar hineinschmiegen könne.

»Sag, Großmama?«

Die alte Frau seufzte, schlang die Wolle zweimal um ihren Daumen und zog die Stricknadel durch. Sie nahm Maschen auf.

»Ich musste an deinen Onkel William denken, mein Schatz«, sagte sie ruhig.

»Mein australischer Onkel William?«, fragte Kezia. Sie hatte noch einen.

»Ja, natürlich.«

»Den ich nicht kenne?«

»Ja, der.«

»Erzähl, was aus ihm geworden ist?« Kezia wusste es genau, aber sie wollte es noch einmal hören.

»Er ist ins Bergwerk gegangen, und da hat er einen Sonnenstich bekommen und ist gestorben«, sagte die alte Mrs. Fairfield.

Kezia blinzelte und sah in Gedanken das Bild vor sich ... Ein kleiner Mann, umgefallen wie ein Zinnsoldat neben einem großen, schwarzen Loch.

»Macht es dich traurig, wenn du an ihn denkst, Großmama?« Sie wollte nicht, dass ihre Großmama traurig war.

Jetzt war die alte Frau an der Reihe. Machte es sie traurig? Zurückzublicken, weit zurück? Die Jahre an sich vorüberziehen zu lassen, wobei Kezia sie beobachtet hatte? Ihnen nachzusehen, wie jede Frau es tat, auch wenn sie sie längst aus den Augen verloren hatte – machte es sie traurig? Nein, so war das Leben nun mal.

»Nein, Kezia.«

»Aber warum?«, fragte Kezia. Sie hob einen nackten Arm und zeichnete Figuren in die Luft. »Warum musste Onkel William sterben? Er war doch noch gar nicht alt.«

Mrs. Fairfield zählte die Maschen in Dreiergruppen. »Einfach so«, sagte sie, in ihre Maschen vertieft.

»Müssen alle Leute sterben?«, fragte Kezia.

»Alle!«

»*Ich* auch?« Kezia klang erschrocken und ungläubig.

»Irgendwann einmal, mein Schatz.«

»Aber, Großmama«, Kezia schwenkte ihr linkes Bein und wackelte mit den Zehen. Sie fühlten sich sandig an. »Was, wenn ich das einfach nicht tue?«

Die alte Frau seufzte noch einmal und rollte einen langen Faden von ihrem Knäuel ab.

»Wir werden nicht gefragt, Kezia«, sagte sie traurig. »Früher oder später sind wir alle an der Reihe.«

Kezia lag ganz still und dachte darüber nach. Sie wollte nicht sterben. Das bedeutete, dass sie von hier fortmusste, von überall fortmusste, für immer – von ihrer Großmutter fortmusste. Sie rollte sich ganz schnell herum.

»Großmama«, sagte sie bestürzt.

»Ja, mein Liebling?«

»Du darfst nicht sterben. Du darfst nicht.« Kezia klang sehr bestimmt.

»Ach, Kezia« – ihre Großmutter sah auf und lächelte und schüttelte den Kopf –, »lass uns nicht davon sprechen.«

»Aber du sollst nicht. Du kannst mich nicht allein lassen. Du kannst doch nicht *nicht* da sein.« Das war schrecklich. »Versprich mir, dass du das nie tust, Großmama«, sagte Kezia flehentlich.

Die alte Frau strickte weiter.

»Versprich es! Sag nie!«

Aber ihre Großmutter schwieg beharrlich.

Kezia rollte vom Bett herunter, sie konnte es nicht länger ertragen, und leichtfüßig sprang sie ihrer Großmutter auf den Schoß, umklammerte den Hals der alten Frau und küsste sie, unters Kinn, hinters Ohr, und blies ihr in den Nacken.

»Sag nie … sag nie … sag nie …« Sie rang zwischen den Küssen nach Luft. Und dann fing sie an, ihre Großmutter ganz leicht und sanft zu kitzeln.

»Kezia!« Die alte Frau ließ das Strickzeug fallen. Sie schwang sich im Schaukelstuhl zurück. Dann begann sie, Kezia auch zu kitzeln. »Sag nie, sag nie, sag nie«, gurgelte Kezia, während sie sich lachend in den Armen lagen. »Komm, mein Eichhörnchen, nun ist es genug! Genug, mein wildes Pferdchen!«, sagte die alte Mrs. Fairfield und rückte ihre Haube zurecht. »Heb mein Strickzeug auf.«

Beide hatten vergessen, worum es bei dem »nie« eigentlich gegangen war.

VIII

Die Sonne stand noch voll auf dem Garten, als die Hintertür des Burnell'schen Hauses knallend ins Schloss fiel und eine sehr farbenfrohe Gestalt den Gartenweg zum Tor entlangkam. Es war Alice, das Dienstmädchen, die sich für ihren freien Nachmittag feingemacht hatte. Sie trug ein weißes Baumwollkleid mit so großen und so vielen roten Punkten drauf, dass es einen schaudern machte, weiße Schuhe und einen Strohhut, dessen Krempe mit Klatschmohn hochgesteckt war. Natürlich trug sie Handschuhe, weiße Handschuhe mit Rostflecken an den Druckknöpfen, und in einer Hand trug sie einen leicht ramponierten Sonnenschirm, den sie ihren *Parasit* nannte.

Beryl, die am Fenster saß und ihr frisch gewaschenes

Haar trocken fächelte, hatte eine solche Schießbudenfigur im Leben noch nicht gesehen. Hätte Alice sich das Gesicht mit einem Korken schwarz gemacht, wäre die Karikatur perfekt gewesen. Und wohin ging so ein Mädchen nun bloß an so einem Ort? Der herzförmige Südseefächer kam verächtlich auf die schöne glänzende Mähne nieder. Vermutlich hatte Alice sich irgendwo einen hergelaufenen Galan aufgegabelt, mit dem sie nun im Busch verschwand. Pech, dass sie sich so aufgedonnert hatte; mit Alice in dem Aufzug würden sie ihre liebe Not haben, sich zu verstecken.

Aber nein, Beryl war ungerecht. Alice ging zum Tee zu Mrs. Stubbs, die ihr durch ihren kleinen Laufjungen eine »Einlade« zugeschickt hatte. Mrs. Stubbs hatte es ihr gleich so angetan, als sie zum ersten Mal ihren Laden betreten hatte, um etwas gegen Mückenstiche zu kaufen.

»Gütiger Gott!« Mrs. Stubbs hatte sich mit der Hand gegen die Hüfte geschlagen. »Sie sind ja zugerichtet! Sie sehn ja aus, als wärn Sie unter die Kannibalen geraten!«

Alice hätte nichts dagegen gehabt, wenn etwas mehr Betrieb auf der Straße gewesen wäre. Es kam ihr gar nicht geheuer vor, dass niemand hinter ihr ging. Es lief ihr richtig komisch den Rücken runter. Sie wurde den Gedanken nicht los, dass ihr jemand nachspionierte. Aber umdrehen war albern, damit verriet man sich. Sie zog ihre Handschuhe hoch, summte vor sich hin und sagte zu dem Eukalyptusbaum in der Ferne: »Bin gleich da.« Aber Gesellschaft konnte man das auch nicht nennen.

Mrs. Stubbs Laden hockte oben auf einem kleinen Hügel gleich an der Straße. Zwei große Fenster waren die Augen, eine breite Veranda der Hut, und das Schild auf dem Dach, auf dem »Mrs. Stubbs« geschrieben stand, steckte kess wie ein Visitenkärtchen im Hutband.

An einer langen Leine auf der Veranda hingen Badeanzüge so dicht gedrängt, als seien sie gerade aus dem Meer gefischt worden und wollten nicht erst noch hinein, und daneben hing ein Bündel Turnschuhe so unentwirrbar ineinander verheddert, dass man mindestens fünfzig Schuhe gewaltsam auseinanderreißen musste, um ein gleiches Paar zu finden. Und dann war es immer noch Glückssache, wenn der linke und der rechte Schuh zusammenpassten. Die meisten Leute gaben auf und zogen mit einem passenden Schuh und einem, der ein bisschen zu groß war, los … Mrs. Stubbs hielt sich etwas darauf zugute, von allem etwas zu führen. Die beiden Schaufensterdekorationen in Form waghalsiger Pyramiden waren so dicht gestellt und so hoch aufgetürmt, dass nur magische Kräfte sie vorm Umstürzen bewahren konnten. In der linken Ecke des einen Fensters hing – und zwar seit undenklichen Zeiten – ein mit vier Gummibonbons an die Scheibe geklebter Anschlag.

Verloren! Hüpsche Goldprosche.
Reines Gold.
An oder In Strandnähe.
Gegen Belohnung.

Alice stieß die Tür auf. Die Türglocke schepperte, der rote Vorhang teilte sich und Mrs. Stubbs erschien. Mit ihrem breiten Lächeln und dem langen Schinkenmesser in der Hand sah sie wie ein gutmütiger Straßenräuber aus. Alice wurde so herzlich empfangen, dass sie große Mühe hatte, ihren »Benimm« beizubehalten. Er bestand in unablässigem Hüsteln und Räuspern, Ziehen an den Handschuhen, Zupfen am Rock und einer merkwürdigen Unfähigkeit, mitzubekommen, was ihr vorgesetzt oder was gesagt wurde.

Der Tisch war in der guten Stube gedeckt – Schinken, Sardinen, ein ganzes Pfund Butter und ein solch riesiger Topfkuchen, dass er wie eine Reklame für Backpulver aussah. Aber der Spiritusofen röhrte so laut, dass es schwierig war, ihn zu übertönen. Alice nahm auf der Kante eines Korbstuhls Platz, während Mrs. Stubbs den Ofen noch höher pumpte. Plötzlich riss Mrs. Stubbs ein Kissen vom Stuhl, und ein großes, in braunes Packpapier gewickeltes Paket kam zum Vorschein.

»Hab grad neue Fotos machen lassen«, rief sie Alice unbekümmert zu. »Hier, was meinen Se *da*zu?«

Auf ihre gezierte, vornehme Art machte Alice den Finger nass und schlug das Seidenpapier vom ersten Bild zurück. Allmächtiger! Wie viele es waren! Mindestens drei Dutzend. Und sie hielt das erste Foto ins Licht.

Mrs. Stubbs saß in einem Sessel, stark zu einer Seite gelehnt. Auf ihrem feisten Gesicht lag ein Ausdruck milder Verblüffung, und das zu Recht. Denn obwohl der Sessel auf einem Läufer stand, ergoss sich zu seiner Linken, auf wundersame Weise den Läufer verschonend, ein tosender Wasserfall. Zur Rechten stand eine griechische Säule, von riesigen Farnen flankiert, und im Hintergrund ragte ein düsterer, mit blassem Schnee bedeckter Berg empor.

»Aparter Stil, was?«, schrie Mrs. Stubbs; und Alice hatte gerade »reizend« zurückgeschrien, als der röhrende Spiritusofen verstummte, puffend den Geist aufgab, und sie »hübsch« in eine erschreckende Stille hineinrief.

»Rücken Se den Stuhl ran, meine Beste«, sagte Mrs. Stubbs und begann einzuschenken. »Tja«, sagte sie nachdenklich, als sie Alice die Tasse reichte, »bloß das Format is nich mein Fall. Ich möcht es größer. Für Weihnachtskarten gut und schön, aber für kleine Fotos hab ich noch nie was übrig gehabt. Die ham so gar nix Tröstliches. Um ganz ehrlich zu sein, ich finds deprimierend.«

Alice verstand genau, was sie meinte.

»Größe«, sagte Mrs. Stubbs. »Gebt mir Größe. Das hat mein Seliger auch immer gesagt. Alles Kleine war ihm zuwider. Konnte sich grauen davor. Und ob Ses glauben oder nicht, meine Beste« – Mrs. Stubbs krachte bei diesen Worten in den Nähten und schien sich bei der Erinnerung auszudehnen –, »Hydropsie hat ihm schließlich auch den Rest gegeben. Manchen Liter hamse ihm im Krankenhaus abgezapft … Das reinste Gottesurteil.«

Alice hätte für ihr Leben gern gewusst, *was* sie ihm im Krankenhaus abgezapft hatten. Zögernd sagte sie: »Ich nehme an, es war Wasser.«

Aber Mrs. Stubbs sah Alice durchdringend an und antwortete bedeutungsvoll: »Es war *Flüssigkeit*, meine Beste.«

Flüssigkeit! Wie eine Katze prallte Alice vor dem Wort zurück, schlich sich aber misstrauisch schnuppernd wieder an.

»Das isser!«, sagte Mrs. Stubbs und wies theatralisch auf das lebensgroße Porträt eines beleibten Mannes mit einer toten Rose im Knopfloch, die eher an eine Blume aus Hammelschmalz erinnerte. Darunter stand in Silberschrift auf rotem Karton: »Was seid ihr so erschrocken? Ich bin's selber.«

»Was für ein feines Gesicht«, sagte Alice halbherzig.

Die blassblaue Schleife, die auf Mrs. Stubbs blondem Kraushaar thronte, zitterte. Sie bog ihren plumpen Hals. Was für einen Hals die Frau hatte! Er war krebsrot am Ansatz, ging dann in ein warmes Aprikosengelb über, das erst zur Farbe bräunlicher und dann elfenbeinfarbener Eier verblasste.

»Trotzdem, meine Liebe«, sagte sie überraschend, »geht doch nix über Freiheit!« Ihr leises, fettes Lachen klang eher wie ein Schnurren. »Geht doch nix über Freiheit!«, wiederholte Mrs. Stubbs.

Freiheit! Alice gab ein albernes, kurzes Kichern von sich. Ihr war unbehaglich zumute. In Gedanken war sie in ihrer eigenen Küche. Komisch! Sie sehnte sich danach zurück.

IX

Eine merkwürdige Gesellschaft hatte sich nach dem Essen im Burnell'schen Waschhaus versammelt. Um den Tisch herum saßen ein Bulle, ein Hahn, ein Esel, der immer vergaß, dass er ein Esel war, ein Schaf und eine Biene. Das Waschhaus war der ideale Ort für solch eine Versammlung, weil sie so viel Krach machen konnten, wie sie wollten, und keiner sie je störte. Es war ein kleiner Wellblechschuppen etwas abseits vom Wohnhaus. An der Wand stand ein tiefer Waschtrog und in der Ecke ein Kupferkessel mit einem Korb voller Klammern obendrauf. Auf der staubigen Fensterbank vor dem kleinen, mit Spinnweben verhangenen Fenster stand eine abgebrannte Kerze und eine Mausefalle. Wäscheleinen waren kreuz und quer gespannt, und an einem Haken an der Wand hing ein sehr großes, ein riesiges rostiges Hufeisen. Der Tisch mit einer Bank an jeder Seite stand in der Mitte.

»Du kannst keine Biene sein, Kezia. Eine Biene ist kein Tier. Das ist ein Ninseck.«

»Aber ich möchte doch so schrecklich gern eine Biene sein«, jammerte Kezia … Eine winzige Biene, ganz gelb und pelzig, mit gestreiften Beinen. Sie schlug die Beine unter sich und lehnte sich über den Tisch. Sie kam sich wie eine Biene vor.

»Ein Ninseck *muss* ein Tier sein«, sagte sie entschieden. »Es macht ein Geräusch. Es ist nicht wie ein Fisch.«

»Ich bin ein Bulle, ich bin ein Bulle!«, rief Pip. Und er stieß ein solch fürchterliches Gebrüll aus – wie machte er nur so ein Geräusch? –, dass Lottie Angst bekam.

»Ich bin ein Schaf«, sagte der kleine Rags. »Heute Morgen sind ganz viele Schafe vorbeigekommen.«

»Woher weißt du das?«

»Papa hat sie gehört. Määäh!« Er klang wie das kleine Lämmchen, das immer hinterhertrottet und wartet, dass es auf den Arm genommen wird.

»Kikeriki!«, krähte Isabel schrill. Mit ihren roten Backen und glänzenden Augen sah sie wirklich wie ein Gockelhahn aus.

»Was soll ich denn sein?«, fragte Lottie und saß lächelnd da und wartete, dass die andern die Wahl für sie trafen. Es musste etwas ganz Einfaches sein.

»Sei doch ein Esel, Lottie.« Der Vorschlag kam von Kezia. »Iaah! Das kannst du nicht vergessen.«

»Iaah!«, sagte Lottie andächtig. »Wann muss ich das sagen?«

»Ich erklär es, ich erklär es«, sagte der Bulle. *Er* hatte die Karten in der Hand. Er schwenkte sie über dem Kopf. »Seid mal alle still! Hört mal alle zu!« Er wartete, bis Ruhe herrschte. »Pass auf, Lottie.« Er drehte eine Karte um. »Hier sind zwei Punkte drauf, siehst du? Wenn du nun diese Karte ablegst und jemand anders hat auch eine mit zwei Punkten drauf, dann sagst du ›iaah‹, und die Karte gehört dir.«

»Mir?« Lottie machte große Augen. »Für immer?«

»Nein, du Dummerjan. Natürlich nur für jetzt. Nur solange wir spielen.« Der Bulle war sehr ungehalten mit ihr.

»Ach, Lottie, du bist aber auch ein Dummerjan«, sagte der stolze Hahn.

Lottie sah die beiden groß an. Dann ließ sie den Kopf hängen, ihre Lippe zitterte. »Ich spiel nicht mehr mit«, flüsterte sie. Die anderen sahen sich gegenseitig wie Verschwörer an. Alle wussten, was das bedeutete. Sie würde davongehen und irgendwo in einer Ecke oder gegen eine Wand gelehnt oder sogar hinter einem Stuhl mit ihrer Schürze überm Kopf entdeckt werden.

»Doch, Lottie. Es ist ganz einfach«, sagte Kezia.

Und Isabel sagte reuig und im Ton einer Erwachsenen: »Sieh mir zu, Lottie, dann begreifst du es bald.«

»Kopf hoch, Lot«, sagte Pip. »Hier, ich weiß was. Du bekommst die erste Karte. Sie gehört eigentlich mir, aber du kannst sie haben. Hier.« Und er knallte die Karte vor Lottie auf den Tisch.

Das brachte Lottie wieder zu sich. Aber nun war sie in einem neuen Dilemma. »Ich hab kein Taschentuch«, sagte sie. »Ich brauch dringend eins.«

»Hier, Lottie, nimm meins.« Rags langte in seine Matrosenbluse und zog ein ziemlich feuchtes, zusammengeknotetes Taschentuch ans Licht. »Sei ganz vorsichtig«, warnte er. »Nur die eine Ecke benutzen und nicht aufmachen. Da ist ein kleiner Seestern drin, den ich zähmen will.«

»Ach, nun macht schon, Kinder«, sagte der Bulle. »Und eins sag ich euch – nicht eure Karten ansehen. Ihr müsst die Hände unterm Tisch halten, bis ich ›los!‹ sage.«

Klatschend flogen die Karten um den Tisch. Sie versuchten mit allen Mitteln drunterzusehen, aber Pip kam ihnen immer zuvor. Wie aufregend es war, hier im Waschhaus zu sitzen; es fehlte nicht viel, und sie wären in ein kleines Tierkonzert ausgebrochen, bevor Pip mit dem Geben fertig war.

»Also, Lottie, du fängst an.«

Ängstlich streckte Lottie die Hand aus, hob die oberste Karte von ihrem Stapel, besah sie sich in aller Ruhe – es war klar, dass sie die Punkte zählte – und legte sie ab.

»Nein, Lottie, das geht nicht. Du darfst sie nicht zuerst ansehen. Du musst sie andersherum ablegen.«

»Aber dann seht ihr sie doch zur gleichen Zeit wie ich«, sagte Lottie.

Das Spiel ging weiter. Muuhuuh! Der Bulle klang furchterregend. Er warf sich über den Tisch und schien die Spielkarten auffressen zu wollen.

»Bss-ss!« machte die Biene.

»Kikeriki!« Isabel stand vor Aufregung auf und schlug mit den Ellbogen wie mit Flügeln.

»Määäh!« Der kleine Rags legte Karokönig ab und Lottie legte den ab, den sie Piepkönig nannten. Sie hatte kaum noch Karten in der Hand.

»Warum sagst du denn nichts, Lottie?«

»Ich hab vergessen, was ich bin«, sagte der Esel kläglich.

»Dann nimm was anderes! Sei ein Hund! Wau-wau!«

»O ja. Das ist *viel* einfacher.« Lottie lächelte wieder. Aber als sie und Kezia beide eine Eins hatten, wartete Kezia absichtlich. Die anderen machten Lottie Zeichen und zeigten mit dem Finger. Lottie wurde ganz rot; sie machte ein ratloses Gesicht, und schließlich sagte sie: »Iaah! Keezia!«

»Scht! Seid mal still!« Sie waren in voller Fahrt, als der Bulle die Hand hob und sie zum Schweigen brachte. »Was ist das? Was ist das für ein Geräusch?«

»Was für ein Geräusch? Was meinst du?«, fragte der Hahn.

»Scht! Still! Hört doch mal!« Sie waren mucksmäuschenstill. »Ich dachte, ich hätte so was – so was wie ein Klopfen gehört«, sagte der Bulle.

»Was für ein Klopfen?«, fragte das Schaf ängstlich.

Keine Antwort.

Der Biene lief es kalt über den Rücken. »Warum haben wir bloß die Tür zugemacht?«, sagte sie leise. Ach, warum, warum hatten sie nur die Tür zugemacht?

Während sie spielten, war der Tag zur Neige gegangen; ein atemberaubender Sonnenuntergang war aufgeflammt und verloschen. Und nun kam die Dunkelheit blitzschnell über das Meer gejagt, über die Dünen und die Wiese herauf. Es graute einem, in die Ecken des Waschhauses zu sehen, aber man konnte es trotzdem nicht lassen. Und irgendwo, weit weg, zündete Großmama eine Lampe an. Die Rollos wurden heruntergezogen; das Küchenfeuer spiegelte sich zuckend in den Dosen auf dem Kaminsims.

»Stellt euch vor«, sagte der Bulle, »wenn jetzt eine Spinne von der Decke mitten auf den Tisch fallen würde, schrecklich, nicht?«

»Spinnen fallen nicht von der Decke.«

»Und ob! Unsere Min hat uns erzählt, sie hat eine Spinne gesehen, so groß wie eine Untertasse und mit langen Haaren dran wie eine Stachelbeere.«

Die kleinen Köpfe fuhren entsetzt zurück, und die kleinen Körper rückten näher, drängten sich dichter zusammen.

»Warum kommt denn keiner und ruft uns?«, rief der Hahn.

Ach, diese Erwachsenen, warm und gemütlich saßen sie im Lampenlicht und tranken aus Tassen. Sie hatten die Kinder ganz vergessen. Nein, nicht wirklich vergessen. Deshalb lächelten sie so vielsagend. Sie hatten beschlossen, sie sich selbst zu überlassen.

Plötzlich stieß Lottie einen so gellenden Schrei aus, dass sie alle von den Bänken sprangen und gleichzeitig schrien. »Ein Gesicht – ein Gesicht, am Fenster!«, kreischte Lottie.

Tatsächlich, es war echt. Gegen die Scheibe gepresst sah man ein blasses Gesicht mit schwarzen Augen und schwarzem Bart.

»Großmama! Mutter! Hilfe!«

Aber ehe sie, einer über den anderen stolpernd, die Tür erreicht hatten, stand ihr Onkel Jonathan im Türrahmen. Er war gekommen, um die kleinen Jungen abzuholen.

X

Er hatte schon früher da sein wollen, aber im Vorgarten hatte er Linda getroffen, die im Gras auf und ab ging, stehen blieb, um eine verwelkte Blüte abzupflücken oder einer gebeugten Nelke eine Stütze zu geben oder tief den Duft von irgendetwas einzuziehen, und dann auf ihre leicht abwesende Art weiterging. Über ihrem weißen Kleid trug sie einen gelben Schal mit rosa Fransen aus dem Laden des Chinesen.

»Hallo, Jonathan!«, rief Linda. Und Jonathan zog schwungvoll seinen schäbigen Panamahut, drückte ihn an seine Brust, fiel auf ein Knie und küsste Linda die Hand.

»Sei gegrüßt, meine Holde! Sei gegrüßt, meine himmlische Pfirsichblüte!«, dröhnte seine Bassstimme zärtlich. »Wo sind die anderen edlen Damen?«

»Beryl ist zum Bridgespielen, und Mutter badet den Jungen … Wolltest du etwas borgen?«

Bei den Trouts fehlte immer irgendetwas, und immer kamen sie in letzter Minute zu den Burnells gelaufen.

Aber Jonathan sagte nur: »Ein bisschen Liebe, ein bisschen Freundlichkeit«, und wanderte neben seiner Schwägerin her.

Linda ließ sich in Beryls Hängematte unter dem Manukabaum fallen, und Jonathan streckte sich neben ihr im Gras aus, riss einen langen Grashalm ab und begann, darauf herumzukauen. Sie kannten sich gut. Aus den umliegenden Gärten drangen schreiende Kinderstimmen herüber. Ein leichter Fischerkarren holperte den Sandweg entlang, und in der Ferne hörte man einen Hund bellen; es klang gedämpft, als stecke der Kopf des Hundes in einem Sack.

Wenn man aufmerksam lauschte, konnte man das leise, schwappende Geräusch der Flut auf den Kieseln hören. Die Sonne ging unter.

»Und du gehst also ab Montag wieder ins Büro, Jonathan?«, fragte Linda.

»Am Montag öffnet sich die Käfigtür und schlägt für weitere elf Monate und eine Woche hinter dem Opfer zu«, antwortete Jonathan.

Linda ließ sich sacht schaukeln. »Es muss schrecklich sein«, sagte sie langsam.

»Soll ich lachen, schöne Schwester? Soll ich weinen?«

Linda war so an Jonathans Ausdrucksweise gewöhnt, dass sie gar nicht darauf achtete.

»Ich vermute«, sagte sie vage, »man gewöhnt sich daran. Man gewöhnt sich an alles.«

»Wirklich? Hmm!«, und das »Hmm« war so tief, dass es dröhnend aus der Erde zu kommen schien. »Ich frage mich, wie man das macht«, sagte Jonathan nachdenklich. »Mir ist es nie gelungen.«

Wie sie ihn so vor sich im Gras liegen sah, dachte Linda wieder, wie attraktiv er aussah. Wenn man bedachte, dass er nur ein gewöhnlicher Büroangestellter war und dass Stanley doppelt so viel Geld verdiente wie er! Was war los mit Jonathan? Er hatte keinen Ehrgeiz; das war es vermutlich. Und doch spürte man, dass er begabt war, ungewöhnlich begabt. Er war ein leidenschaftlicher Musikliebhaber; jeden Pfennig, den er erübrigen konnte, gab er für Bücher aus. Er steckte immer voll neuer Ideen, Einfälle, Pläne. Aber es wurde nie etwas daraus. Ein Strohfeuer flammte in Jonathan auf; man konnte es förmlich knistern hören, während er die neue Sache erklärte, beschrieb und ausführte;

aber einen Augenblick später war es in sich zusammengefallen, nichts als Asche blieb übrig, und Jonathan irrte mit einem hungrigen Blick in seinen schwarzen Augen umher. Während dieser Zeit übertrieb er seine absurde Redeweise noch mehr und sang im Kirchenchor, dessen Leiter er war, mit solch erschreckend theatralischer Intensität, dass das schlichteste Kirchenlied ein gottloses Gepränge bekam.

»Es kommt mir ebenso schwachsinnig, ebenso infernalisch vor, am Montag ins Büro gehen zu müssen«, sagte Jonathan, »wie eh und je. Die besten Jahre seines Lebens von neun bis fünf auf einem Stuhl zu hocken und in fremden Kontobüchern herumzukritzeln! Eine merkwürdige Art, sein … sein einziges Leben zu verbringen, nicht wahr? Oder lebe ich in den Wolken?« Er rollte auf dem Gras herum und sah zu Linda auf. »Sag mir, worin unterscheidet sich mein Leben von dem eines gewöhnlichen Gefangenen? Der einzige Unterschied, den ich sehen kann, ist, dass ich mich selbst gefangen gesetzt habe und niemand mich je wieder freilässt. Und das ist eine noch hoffnungslosere Lage. Denn hätte man mich hineingeworfen – gegen meinen Willen, gegen meinen Widerstand sogar –, vielleicht hätte ich mich, sobald die Tür hinter mir zugefallen wäre oder jedenfalls nach ein paar Jahren mit meiner Lage abgefunden und angefangen, mich für die Fliegen an der Wand zu interessieren oder die Schritte der Wärter auf dem Flur zu zählen, unter besonderer Berücksichtigung unterschiedlicher Gangarten und so weiter. Aber so bin ich wie ein Insekt, das aus eigenem Antrieb in ein Zimmer geflogen ist. Ich pralle gegen die Wände, pralle gegen die Fenster, stoße gegen die Decke, versuche alles Erdenkliche, nur den Weg nach draußen finde ich nicht. Und die ganze Zeit denke ich wie diese Motte oder dieser Schmetterling oder was immer es ist, ›Das Leben ist so kurz! Das Leben ist so kurz!‹ Ich habe nur eine Nacht oder einen Tag, und da draußen wartet dieser unermessliche, gefährliche Garten auf mich, unentdeckt, unerforscht.‹

»Aber wenn dir so zumute ist, warum –«, warf Linda rasch ein.

»Ah!«, rief Jonathan. Und das »Ah!« hatte geradezu etwas Triumphierendes. »Jetzt hast du mich. Warum? Ja, warum? Das ist die bohrende, rätselhafte Frage. Warum fliege ich nicht wieder hinaus? Da ist das Fenster oder die Tür, oder wo immer ich auch hereingekommen sein mag. Sie sind nicht ein für alle Mal versperrt – oder? Warum finde ich sie nicht und fliege auf und davon? Beantworte mir die Frage, kleine Schwester.« Aber er ließ ihr keine Zeit zu antworten.

»Ich bin genau wie das Insekt. Aus irgendeinem Grund« – Jonathan betonte jedes einzelne Wort – »ist es nicht erlaubt, ist es verboten, ist es gegen das Insektengesetz, das Knallen und Schlagen und An-der-Scheibe-Hochkriechen auch nur einen Augenblick einzustellen. Warum kehre ich dem Büro nicht den Rücken? Warum mache ich mir nicht ernsthaft Gedanken darüber, jetzt gleich zum Beispiel, was mich davon abhält? Es ist ja nicht, als seien mir die Hände gebunden. Ich habe zwei Jungen zu versorgen, aber schließlich sind es Jungen. Ich könnte zur See gehen oder mir im Inland einen Job besorgen oder –« Plötzlich sah er Linda lächelnd an und sagte mit veränderter Stimme, als verrate er ihr ein Geheimnis: »Schwach … schwach. Kein Stehvermögen. Kein Halt. Keine Prinzipien, wollen wir es mal nennen.« Aber dann deklamierte die dunkle, samtene Stimme:

»Höret die Geschichte,
Wie sie sich selbst enthüllt …«

und sie schwiegen beide.

Die Sonne war untergegangen. Am westlichen Himmel türmten sich gewaltige Massen von geballten rosenfarbigen Wolken. Breite Lichtstrahlen drangen durch die Wolken und über die Ränder hinaus, als wollten sie den ganzen Himmel bedecken. Das Blau darüber verblasste; es verblich zu Blassgold, und die Silhouette des Eukalyptuswaldes zeichnete sich dunkel und metallisch glänzend dagegen ab. Manchmal können diese Lichtstrahlen am Himmel etwas Furchterregendes haben. Sie erinnern einen daran, dass dort oben Jehovah thront, der eifersüchtige Gott, der Allmächtige, dessen Auge auf uns ruht, wachsam, nimmermüde. Man erinnert sich, dass bei seinem Kommen die Erde zu einem einzigen wüsten Gräberfeld wird; die kalten, strahlenden Engel treiben die Menschen hierhin und dorthin, und es bleibt keine Zeit zu erklären, was so einfach zu erklären wäre … Aber heute Abend kam es Linda vor, als hätten die silbernen Strahlen etwas unendlich Heiteres und Versöhnliches. Und jetzt war das Meer nicht mehr zu hören. Es atmete leise, als wolle es diese zärtliche, heitere Schönheit ganz tief in sich aufnehmen.

»Alles ist falsch, alles ist falsch«, kam Jonathans düstere Stimme. »Diese Szenerie, diese Kulisse passt nicht zu … drei Bürohockern, drei Schreibtischen, drei Tintenfässern und einem Fliegengitter.«

Linda wusste, dass er sich nie ändern würde; trotzdem sagte sie: »Ist es denn wirklich zu spät?«

»Ich bin alt – ich bin alt«, deklamierte Jonathan. Er beugte sich zu ihr und fuhr sich mit der Hand über den Kopf. »Sieh mal!« Sein schwarzes Haar war über und über mit Silber gesprenkelt, wie die Brustfedern eines schwarzen Wasserhuhns.

Linda war überrascht. Es war ihr nie aufgefallen, dass er grau war. Und doch sah sie ihn, als er so neben ihr stand und seufzte und sich streckte, zum ersten Mal nicht entschlossen, nicht galant, nicht unbekümmert, sondern bereits vom Alter gezeichnet. Er wirkte sehr groß auf dem dunkelnden Rasen, und ihr ging der Gedanke durch den Kopf: »Er ist wie ein Halm.«

Jonathan beugte sich noch einmal vor und küsste ihre Finger.

»Der Himmel lohne Euch Eure süße Geduld, holde Frau«, murmelte er. »Ich mache mich auf die Suche nach den Erben meines Ruhms und Reichtums ...« Er war fort.

XI

Licht schien in den Fenstern des Sommerhauses. Zwei goldene Vierecke fielen auf die Nelken und die geschlossenen Ringelblumen. Florrie, die Katze, kam auf die Veranda und setzte sich auf die oberste Stufe, die weißen Pfoten zierlich nebeneinander, den Schwanz um sich gelegt. Sie sah zufrieden aus, als habe sie den ganzen Tag auf diesen Augenblick gewartet.

»Gott sei Dank, es wird spät«, sagte Florrie. »Gott sei Dank, der lange Tag ist vorüber.« Ihre reineclaudengrünen Augen öffneten sich.

Plötzlich hörte man das Rumpeln der Postkutsche, das

Knallen von Kelleys Peitsche. Sie war nahe genug, dass man die Stimmen der Männer hören konnte, die aus der Stadt kamen und sich laut miteinander unterhielten. Die Kutsche hielt an Burnells Tor.

Stanley war schon halb den Weg hinauf, ehe er Linda sah. »Bist du es, Liebling?«

»Ja, Stanley.«

Er sprang über das Blumenbeet und schloss sie in die Arme. Sie war umfangen von seiner vertrauten, atemlosen, starken Umarmung.

»Verzeih mir, Liebling, verzeih mir«, stammelte Stanley, und er legte ihr die Hand unters Kinn und hob ihr Gesicht zu sich empor.

»Dir verzeihen?« Linda lächelte. »Aber wofür denn?«

»Großer Gott! Hast du es etwa vergessen?«, rief Stanley Burnell. »Ich habe den ganzen Tag an nichts anderes gedacht. Ich hatte einen schrecklichen Tag. Ich war drauf und dran, dir zu telegraphieren, aber dann fiel mir ein, das Telegramm würde vermutlich gar nicht vor mir ankommen. Ich habe Qualen gelitten, Linda.«

»Aber Stanley«, sagte Linda, »wofür muss ich dir verzeihen?«

»Linda!« – Stanley war tief verletzt – »Hast du nicht gemerkt – du musst doch gemerkt haben – ich bin heute Morgen gegangen, ohne mich von dir zu verabschieden. Ich begreife gar nicht, wie ich so etwas tun konnte. Dieser verdammte Jähzorn, natürlich. Aber – na ja« – er seufzte und nahm sie wieder in die Arme – »heute habe ich genug dafür gebüßt.«

»Was hast du denn da in der Hand?«, fragte Linda. »Neue Handschuhe? Zeig mal.«

»Ach, nur ein Paar billige Waschlederhandschuhe«, sagte Stanley bescheiden. »Mir fiel heute Morgen in der Kutsche auf, dass Bell welche trug, und da bin ich im Vorbeigehen schnell in den Laden gesprungen und hab mir auch ein Paar besorgt. Warum lächelst du? Du hast doch nichts dagegen, oder?«

»Im *Gegen*teil, Liebling«, sagte Linda. »Ich finde, das war sehr vernünftig.«

Sie zog einen der großen, blassen Handschuhe über und betrachtete, indem sie sie hin und her wendete, ihre Hand. Sie lächelte immer noch.

Stanley wollte sagen: »Ich habe, als ich sie kaufte, die ganze Zeit nur an dich gedacht.« Es stimmte, aber irgendwie brachte er es nicht über die Lippen. »Gehen wir hinein«, sagte er.

XII

Warum fühlt man sich so anders bei Nacht? Warum ist es so aufregend, wach zu sein, wenn alle andern schlafen? Spät ist es – sehr spät! Und doch fühlt man sich mit jedem Moment wacher, als erwache man langsam, mit beinahe jedem neuen Atemzug in einer neuen, wunderbaren Welt, atemberaubender und aufregender als bei Tag. Und warum kommt man sich dabei wie ein Verschwörer vor? Leichtfüßig, verstohlen bewegt man sich in seinem Zimmer. Man nimmt etwas vom Ankleidetisch und legt es lautlos wieder hin. Und alle Gegenstände, selbst die Bettpfosten, kennen einen, spielen mit, sind in das Geheimnis eingeweiht …

Bei Tag bedeutet einem das Zimmer nicht viel. Man denkt gar nicht daran. Man geht rein und raus, die Tür geht auf und schlägt zu, der Schrank knarrt. Man setzt sich auf die Bettkante, wechselt die Schuhe und ist schon wieder über alle Berge. Ein Blick in den Spiegel, zwei Nadeln ins Haar, ein bisschen Puder auf die Nase, und schon ist man auf und davon. Aber jetzt – ist es einem plötzlich lieb. So ein liebes, kleines, komisches Zimmer. Es gehört einem. Ach, wie schön ist es, etwas zu besitzen! Mein – mein eigen!

»Mein für immer?«

»Ja.« Ihre Lippen berührten sich.

Nein, das hatte natürlich überhaupt nichts damit zu tun. Das war alles Unsinn und dummes Zeug. Und trotzdem sah Beryl ganz deutlich zwei Menschen mitten in ihrem Zimmer stehen. Ihre Arme lagen um seinen Hals; er hielt sie umschlungen. Und nun flüsterte er: »Meine Schönheit, meine kleine Schönheit!« Sie sprang vom Bett auf, lief zum Fenster hinüber, kniete sich auf die Bank darunter und stützte die Ellbogen auf das Fenstersims. Aber die wunderschöne Nacht, der Garten, jeder Busch, jedes Blatt, selbst die weißen Zaunpfähle, sogar die Sterne waren Mitverschworene. Der Mond schien so hell, dass die Blumen taghell beleuchtet waren; der Schatten der Kapuzinerkresse, zarte, lilienartige Blätter und weit offene Blüten, fiel auf die versilberte Veranda. Der von rauen Südwinden gebeugte Manukabaum sah aus wie ein Vogel auf einem Bein, der einen Flügel ausstreckte.

Aber als Beryl den Eukalyptuswald betrachtete, kam ihr der Busch traurig vor.

»Wir sind dumme Bäume, strecken die Arme zum

Nachthimmel und wissen nicht, wen wir anflehen«, sagten sie wehmütig.

Es stimmt, wenn man allein ist und über das Leben nachdenkt, wird man immer traurig. Die ganze Erregung und so weiter ist mit einem Mal verflogen, und es kommt einem in der Stille vor, als riefe einen jemand beim Namen und man höre seinen Namen zum ersten Mal.

»Beryl!«

»Ja, hier bin ich. Ich bin Beryl. Wer ruft mich?«

»Beryl!«

»Ich komme.«

Man fühlt sich einsam so ganz allein. Natürlich gibt es Verwandte, Freunde, haufenweise; aber das meint sie nicht. Sie wünscht sich jemanden, der die Beryl findet, die sonst keiner kennt, der erwartet, dass sie immer diese Beryl ist. Sie möchte jemanden, der sie liebt.

»Nimm mich mit, fort von all diesen anderen Leuten, mein Geliebter. Lass uns weit fortgehen. Unser eigenes Leben leben, ganz neu, ganz von vorn. Unser eigenes Feuer machen. Uns hinsetzen und zusammen essen. Und lange Gespräche bis in die Nacht führen.«

Und es klang beinahe wie: »Rette mich, mein Geliebter, rette mich!«

»… Ach, hören Sie auf! Seien Sie doch nicht so prüde, meine Liebe. Genießen Sie das Leben, solange Sie jung sind. Nehmen Sie sich das zu Herzen.« Und ein überstürztes, albernes Lachen fiel in Mrs. Harry Kembers lautes, unbeteiligtes Wiehern ein.

Aber es ist auch alles so schrecklich kompliziert, wenn man niemanden hat. Man ist so hilflos. Schließlich kann man die Leute nicht einfach brüskieren. Und immer dieser

Horror, dass man genauso unbeleckt und engstirnig wirkt wie diese Gänse an der Bucht. Dabei – dabei ist es faszinierend, wenn man merkt, dass man Macht über Leute hat. Ja, einfach faszinierend …

Warum, ach, warum kommt »er« nicht bald?

Wenn ich noch länger hierbleibe, dachte Beryl, dann ist alles möglich.

»Aber woher weißt du, ob er überhaupt kommt?«, ließ sich eine kleine, spöttische Stimme in ihrem Innern vernehmen.

Aber Beryl überhörte sie. Sie würde nicht sitzen bleiben. Andere vielleicht, aber nicht sie. Es war ausgeschlossen, dass Beryl Fairfield, dieses hübsche, faszinierende Mädchen, niemals heiratete.

»Erinnerst du dich an Beryl Fairfield?«

»Beryl Fairfield? Als könnte ich sie je vergessen! Ich habe sie zum ersten Mal in einem Sommer an der Bucht kennengelernt. Sie stand am Strand in einem blauen« – falsch, in einem rosa – »Musselinkleid und hielt einen großen cremefarbenen« – falsch, einen schwarzen – »Strohhut in der Hand. Aber das ist schon Jahre her.«

»Sie ist so hübsch wie eh und je, womöglich noch hübscher.«

Beryl lächelte, biss sich auf die Lippe und ließ den Blick über den Garten schweifen.

Dabei sah sie eine Gestalt, einen Mann, die Straße verlassen und den Grasstreifen am Zaun entlanggehen, als liefe er direkt auf sie zu. Ihr schlug das Herz. Wer war das? Wer konnte das sein? Doch wohl kein Einbrecher, bestimmt kein Einbrecher, denn er rauchte und schlenderte unbekümmert dahin. Beryl schlug das Herz bis zum Hals;

ihr war, als überschlüge es sich und wollte aussetzen. Sie erkannte ihn.

»Guten Abend, Miss Beryl« sagte die Stimme leise.

»Guten Abend.«

»Haben Sie nicht Lust zu einem kleinen Spaziergang?«, sagte die Stimme gedehnt.

»Zu einem Spaziergang – zu dieser Nachtzeit! Das geht nicht. Die andern sind alle im Bett. Sie schlafen alle.«

»Ach«, sagte die Stimme leichthin, und ein Hauch von süßem Tabaksduft wehte ihr zu. »Was kümmern uns die andern? Kommen Sie! Eine so schöne Nacht. Und keine Menschenseele weit und breit.«

Beryl schüttelte den Kopf. Aber etwas regte sich in ihr. Etwas hob den Kopf.

Die Stimme sagte: »Angst?« Es klang spöttisch »Armes, kleines Mädchen!«

»Keine Spur«, sagte sie. Und bei diesen Worten schien sich das kraftlose Etwas in ihr zu strecken und plötzlich ungeheuer stark zu werden; sie wäre um ihr Leben gern mitgegangen!

Und als hielte er das für eine Selbstverständlichkeit, sagte die Stimme sanft und leise, aber bestimmt: »Kommen Sie!«

Beryl stieg über das niedrige Fensterbrett, überquerte die Veranda, lief über den Rasen zum Tor. Er war vor ihr da.

»So ist es recht«, hauchte die Stimme und fuhr spöttisch fort: »Sie haben doch nicht etwa Angst? Sie haben keine Angst?«

Sie hatte Angst; jetzt, wo sie hier war, war sie vor Schreck wie gelähmt, und es kam ihr alles ganz anders vor. Glitzernd starrte das Mondlicht sie an; die Schatten waren wie Eisenstäbe. Ihre Hand wurde ergriffen.

»Keine Spur«, sagte sie unbekümmert. »Warum sollte ich?«

Ihre Hand wurde sanft, aber unerbittlich mitgezogen. Sie zögerte.

»Nein, weiter gehe ich nicht«, sagte Beryl.

»Ach, Quatsch!« Harry Kember glaubte ihr nicht. »Kommen Sie! Wir gehen nur bis zu dem Fuchsienstrauch. Kommen Sie!«

Der Fuchsienstrauch war groß. Er fiel in einem Blütenschauer über den Zaun. Darunter war eine kleine, dunkle Höhle.

»Nein, wirklich, ich will nicht«, sagte Beryl.

Einen Moment lang antwortete Harry Kember nicht. Dann drehte er sich um, trat an sie heran, lächelte und sagte schnell: »Sei nicht albern! Sei nicht albern!«

Sie hatte solch ein Lächeln noch nie gesehen. War er betrunken? Dieses blendende, blinde, grauenhafte Lächeln ließ sie vor Schreck erstarren. Was tat sie? Wie war sie hierhergekommen? Der strenge Garten stellte ihr diese Frage, als das Tor aufgestoßen wurde und Harry Kember geschmeidig wie eine Katze hindurchschlüpfte und sie an sich riss.

»Kalter, kleiner Teufel! Kalter, kleiner Teufel!«, sagte die verhasste Stimme.

Aber Beryl war stark. Sie wand sich, duckte sich, riss sich los.

»Sie sind gemein, gemein«, sagte sie.

»Warum, um Himmels willen, sind Sie dann mitgekommen?«, stammelte Harry Kember.

Niemand antwortete ihm.

XIII

Eine kleine Wolke, eine kleine heitere Wolke glitt über den Mond. In diesem Augenblick völliger Dunkelheit klang das Meer tief und beunruhigt. Dann segelte die Wolke weiter, und das Geräusch des Meeres war nur ein unbestimmtes Murmeln, als erwache es aus einem dunklen Traum. Alles war still.

1921

Der Kanarienvogel

… Sehen Sie den großen Nagel rechts neben der Haustür? Es fällt mir immer noch schwer, hinzusehen, und doch kann ich es nicht übers Herz bringen, ihn herauszuziehen. Wie schön, wenn er immer dort bliebe, auch nach meiner Zeit. Manchmal höre ich die Leute nebenan sagen: »Da muss einmal ein Vogelbauer gehangen haben.« Und das tröstet mich. Da weiß ich doch, dass er nicht ganz vergessen ist.

… Sie können sich gar nicht vorstellen, wie herrlich er sang. Gar nicht zu vergleichen mit anderen Kanarienvögeln. Und das bilde ich mir nicht etwa ein. Oft habe ich vom Fenster aus beobachtet, wie die Leute am Tor stehen blieben und zuhörten oder eine ganze Weile neben dem falschen Orangenbaum am Zaun lehnten – hingerissen. Es mag Ihnen überspannt vorkommen – nicht, wenn Sie ihn gehört hätten –, aber ich hatte wirklich den Eindruck, er singe vollständige Lieder mit richtigem Anfang und Ende.

… Zum Beispiel nachmittags, wenn ich mit der Hausarbeit fertig war, mir eine frische Bluse anzog und mich mit einer Handarbeit auf die Veranda setzte, dann hüpfte er – hopp, hopp, hopp – von Stange zu Stange, pochte ans Gitter, um meine Aufmerksamkeit zu erregen, trank ein Schlückchen Wasser, ganz wie ein berufsmäßiger Sänger, und brach dann in einen so hinreißenden Gesang aus, dass ich mein Nähzeug aus der Hand legen und ihm zuhören musste. Ich kann es nicht beschreiben; ich wollte, ich könnte es. Aber es war immer dasselbe, jeden Nachmittag, und ich hatte das Gefühl, ich verstünde jeden Ton.

… Ich liebte ihn. Ach, wie ich ihn liebte! Vielleicht ist es gar nicht so wichtig, was man liebt auf dieser Welt. Aber etwas muss man lieben. Natürlich hatte ich immer mein kleines Haus und den Garten, aber irgendwie hat mir das nie genügt. Blumen sind ungewöhnlich empfänglich, aber sie haben kein Mitgefühl. Dann war ich in den Abendstern verliebt. Klingt das albern? Nach Sonnenuntergang ging ich in den Garten und wartete, bis er über dem dunklen Eukalyptusbaum aufging. Ich flüsterte ihm zu: »Da bist du ja, mein kleiner Liebling.« Und in diesem allerersten Augenblick schien er nur für mich allein zu leuchten. Er schien Verständnis zu haben für dieses ... dieses unbestimmte Gefühl, das wie Sehnsucht ist, aber doch keine Sehnsucht ist. Oder Bedauern – eher wie Bedauern. Bedauern wofür? Es gibt so viel, wofür ich dankbar sein muss.

... Aber als er in mein Leben trat, vergaß ich den Abendstern; ich brauchte ihn nicht mehr. Aber es war komisch. Als der Chinese, der mit den Vögeln von Haus zu Haus ging, ihn in seinem winzigen Bauer hochhielt, und er, statt wie die armen, kleinen Goldfinken aufgeregt hin und her zu flattern, nur ein klägliches, kleines Tschirpen von sich gab, hörte ich mich genau wie zum Abendstern überm Eukalyptusbaum sagen: »Da bist du ja, mein kleiner Liebling.« Von dem Augenblick an gehörte er mir!

... Ich kann es heute noch nicht fassen, wie unzertrennlich wir waren. Sobald ich morgens herunterkam und das Tuch von seinem Bauer nahm, begrüßte er mich mit einem verschlafenen kleinen Laut. Ich wusste, es bedeutete: »Missus! Missus!« Dann hängte ich ihn draußen an den Nagel, während ich meinen drei jungen Männern das Frühstück machte, und holte ihn erst herein, um sein Bauer zu säubern, wenn wir das Haus wieder für uns allein hatten.

Wenn dann der Abwasch gemacht war, fand ein regelrechter kleiner Auftritt statt. Ich breitete eine Zeitung über eine Ecke des Küchentisches, und wenn ich das Bauer draufstellte, schlug er verzweifelt mit den Flügeln, als wisse er nicht schon genau, was kam. »Du bist doch ein richtiger kleiner Schauspieler«, schalt ich ihn. Ich säuberte sein Blech, bestreute es mit frischem Sand, füllte sein Futter- und Wassernäpfchen und steckte ein Stück Vogelmiere und eine halbe Chilischote zwischen die Stangen. Und ich bin fest davon überzeugt, dass er dies kleine Ritual bis ins Einzelne verstand und zu schätzen wusste. Er war nämlich von Natur blitzsauber. Nie war ein Kleckschen auf seiner Stange zu finden. Und man brauchte nur zuzusehen, wie er sein Bad genoss, um zu begreifen, dass er ein richtiger kleiner Sauberkeitsfanatiker war. Zuletzt kam das Vogelbad ins Bauer. Und kaum stand es drin, da stürzte er sich förmlich hinein. Erst schlug er das Wasser mit einem, dann mit dem andern Flügel, dann tauchte er das Köpfchen unter und benetzte die Brustfedern. Die Wassertropfen spritzten durch die ganze Küche, aber er konnte gar nicht genug bekommen. Ich musste zu ihm sagen: »Nun reicht es aber. Du gibst ja nur an.« Und schließlich kam er herausgehüpft und begann sich, auf einem Bein stehend, mit dem Schnabel trockenzuzupfen. Zu guter Letzt noch ein Schütteln, ein Flattern, ein Zwitschern, er hob das Köpfchen – ach, die Erinnerung bricht mir das Herz. Ich war dann immer dabei, die Messer zu säubern. Und wenn ich die Messer auf dem Brett blankputzte, kam es mir fast so vor, als sängen sie auch.

... Sehen Sie, er hat mir Gesellschaft geleistet. Höchst angenehme Gesellschaft. Wenn Sie jemals allein gelebt haben, wissen Sie, was das bedeutet. Natürlich hatte ich meine drei jungen Männer, die jeden Abend zum Essen kamen und manchmal anschließend im Esszimmer sitzen blieben und die Zeitung lasen. Aber ich konnte nicht von ihnen erwarten, dass sie sich für die Kleinigkeiten interessierten, mit denen mein Tag ausgefüllt war. Warum sollten sie auch? Ich bedeutete ihnen nichts. Ja, ich habe einmal auf der Treppe sogar gehört, wie sie mich »die Vogelscheuche« nannten. Es macht nichts. Es macht gar nichts. Nicht im Geringsten. Ich habe vollstes Verständnis dafür. Sie sind jung. Warum sollte es mich kränken? Aber ich weiß noch, wie ganz besonders dankbar ich war, dass ich an dem Abend nicht allein war. Ich habe ihm alles erzählt, als sie fort waren. Ich habe gesagt: »Weißt du, wie sie deine Missus nennen?« Und er hat das Köpfchen auf die Seite gelegt und mich mit seinem kleinen, blanken Auge angesehen, bis ich selbst lachen musste. Er schien belustigt.

… Haben Sie je Vögel gehabt? Wenn nicht, dann kommt Ihnen dies alles vielleicht übertrieben vor. Die Leute glauben, Vögel seien herzlose, kalte kleine Kreaturen, anders als Hunde oder Katzen. Jeden Montag, wenn sie sich wunderte, warum ich mir denn keinen »netten kleinen Foxterrier« zulegte, sagte meine Waschfrau zu mir: »Kanarienvögel, Miss, die ham nix Tröstliches.« Irrtum! Schrecklicher Irrtum! Ich erinnere mich an eine Nacht. Ich hatte ganz entsetzlich geträumt – Träume können furchtbar grausam sein – noch nachdem ich aufgewacht war, konnte ich nicht darüber hinwegkommen. Also zog ich meinen Morgenrock an und ging in die Küche hinunter, um mir ein Glas Wasser zu holen. Es war eine Winternacht und regnete heftig. Ich muss noch im Halbschlaf gewesen sein, jedenfalls kam es mir vor, als starre die Dunkelheit lauernd durchs Küchenfenster herein, das kein Rollo hatte. Und plötzlich fand ich es unerträglich, dass ich niemanden hatte, zu dem ich sagen konnte: »Ich habe so entsetzlich geträumt«, oder: »Verbirg mich vor der Dunkelheit.« Ich bedeckte eine Weile sogar das Gesicht mit den Händen. Und dann ertönte ein kleines »piep, piep!«. Sein Bauer stand auf dem Tisch, und das Tuch war verrutscht, so dass ein kleiner Lichtspalt hineindrang. »Piep, piep!«, sagte mein liebes, kleines Kerlchen noch einmal, ganz leise, als wolle er sagen: »Ich bin hier, Missus! Ich bin hier!« Das war so unaussprechlich tröstlich, dass ich beinahe geweint hätte.

... Und nun ist er tot. Ich werde mir nie wieder einen Vogel, nie wieder sonst irgendein Tier zulegen. Wie könnte ich? Als ich ihn fand, auf dem Rücken liegend, das Auge getrübt, die Krallen erstarrt, als ich begriff, dass ich meinen Liebling nie wieder singen hören würde, da ist etwas in mir gestorben. Meine Brust fühlte sich so leer an wie sein Käfig. Ich werde darüber hinwegkommen. Natürlich. Was bleibt mir anderes übrig. Mit der Zeit kommt man über alles hinweg. Und die Leute sagen sowieso, ich hätte ein glückliches Naturell. Sie haben ganz recht. Ich bin Gott dankbar dafür.

... Aber trotzdem, ohne morbid zu sein oder mich von Erinnerungen und so weiter hinreißen zu lassen, muss ich doch gestehen, dass das Leben für mich etwas Trauriges hat. Es ist schwer zu sagen, was es ist. Ich meine nicht den Kummer, den wir alle kennen, wie Krankheit und Armut und Tod. Nein, es ist etwas anderes. Es ist da, ganz tief, tief im Innersten, und ist Teil von einem wie das Atmen. Ich kann noch so schwer arbeiten und mich abmühen, kaum halte ich inne, da weiß ich, es ist da und wartet. Ich frage mich oft, ob andere es auch so empfinden. Wer weiß. Aber es ist doch merkwürdig, dass ich aus seinem süßen, jauchzenden kleinen Gesang gerade diese – Traurigkeit? – ach, was ist es nur? – herausgehört habe.

1922

»Eine Laterne mit vielen Fenstern«

Von Ursula Grawe

Katherine Mansfield (1888–1923) gilt als eine der großen Erzählerinnen des 20. Jahrhunderts, als eine der Erfinderinnen der modernen Kurzgeschichte. Die Neuseeländerin hatte ein kurzes, abenteuerliches, aber unglückliches Leben. Sie wurde am 14. Oktober 1888 in Wellington geboren. Ihr Vater, Sir Harold Beauchamp, war Direktor der größten Bank von Neuseeland. Die Kindheit der fünf Töchter und des einen Sohnes war äußerst sorglos und verlief in familiärer Harmonie. Mansfield und ihre fünf Geschwister wuchsen in einer luxuriösen Atmosphäre gesicherter Großbürgerlichkeit auf. Der Vater legte Wert darauf, dass die weiblichen Mitglieder seiner Familie das verwöhnte Leben der viktorianischen Damen aus der Oberschicht führten. Während diese Kindheit von den Geschwistern im Rückblick als unproblematisch betrachtet wurde, erlebte das dritte Kind Kathleen diese Zeit nicht nur unbeschwert. Das von Stimmungen abhängige, geistig ungewöhnlich rege und phantasievolle Kind, das sich wegen seiner Dicklichkeit und der Brille, die es tragen musste, benachteiligt und als hässliches Entlein fühlte, litt offenbar darunter, dass ihr Liebesbedürfnis von den Eltern nicht befriedigt wurde. Da die Eltern häufig längere Reisen nach Europa unternahmen, war die Großmutter mütterlicherseits der ruhende Pol im Leben des Kindes.

Nach einigen Volksschuljahren wurden die drei ältesten Töchter 1903 nach London in eine angesehene, progressive private Mädchenschule geschickt, um ihre Erziehung im

»Mutterland« zu vervollständigen. Mansfield war vierzehn Jahre alt, hatte aber schon eine kleine literarische Karriere hinter sich, denn sie schrieb von früh an und veröffentlichte kurze Geschichten in einer Schulzeitung in Wellington. Auch sexuell war sie vermutlich kein ganz unbeschriebenes Blatt mehr. Diese sexuelle Unvoreingenommenheit, damals ein Vorrecht der Männer, gehörte in der vorwiegend weiblichen Umgebung des College zu ihrem Image als aufgeklärter Frau.

Während der Schulzeit konzentrierte sich Mansfield vor allem auf ihre literarischen Interessen und lernte die damals hochmoderne symbolistische Literatur Europas und die Werke Oscar Wildes kennen, dessen frivole und zynische Lebensweisheiten sie stark beeindruckten und zu eigenen Aphorismen anregten. Neben der Literatur war es vor allem die Musik, die Mansfield anzog. Sie spielte Cello, besuchte das Konservatorium und wollte ernsthaft Musikerin werden. Zweifel an ihrem musikalischen Talent verstärkten ihre Entschlossenheit, es in der Literatur zu etwas zu bringen. Als ernstzunehmende Künstlerin sah Katherine sich schon zu dieser Zeit.

Unter den persönlichen Bindungen aus der Schulzeit muss Ida Baker hervorgehoben werden. Sie wurde die lebenslange, treue Freundin Mansfields und hing mit geradezu sklavischer Ergebenheit an ihr, obwohl diese sie zeitweise mit kränkender Willkür behandelte. Die Intimität zwischen beiden äußert sich etwa im Spiel ihrer Namen: Katherine Mansfield nennt sich KM und gibt ihrer Freundin den Namen Leslie Moore oder LM. Gegenseitig nennen sich beide »Jones«. Ida Baker wurde über neunzig Jahre alt und veröffentlichte 1971 ihr Buch *KM – the Memories of LM*.

Das Spiel mit exotischen Namen, dem Mansfield nie widerstehen konnte, weist darauf hin, dass sie in der Realität nur halb zu Hause war. Dass sie großes schauspielerisches und parodistisches Talent besaß, verwundert nicht. Baker beschreibt einen typischen Charakterzug ihrer Freundin: »Sie war eine Laterne mit vielen Fenstern – nicht achteckig, sondern hunderteckig. Jeder Freund und jede Freundin hatten ihr Fenster, und Katherine schenkte großzügig, schenkte jedem alles – durch jeweilige Fenster. Deshalb glaubten so viele, dass sie nicht nur einer ihrer Freunde, sondern der einzige Freund waren. Die ganze Laterne verschenkte sie nie, und niemand durfte die Flamme berühren, und wenn jemand zu nahe kam, zog sie sich zurück und schloss die Läden.«

Man kann sich fragen, ob Mansfields dichterische Begabung nicht auf dem ungewöhnlich intensiven Bewahren von kindlichen Elementen in ihrer seelischen Disposition beruhte. Dass sie zeit ihres Lebens von Katzen und Puppen umgeben war, die sie wie Kinder behandelte, deutet darauf hin. Auch das Verhältnis zu ihrem späteren Ehemann, John Middleton Murry, behandelte sie mehr wie das Spiel von Kindern, die sich für auserwählt hielten.

Nach der englischen Schulzeit holte Sir Harold seine Töchter nach Hause zurück. Aber Katherine fiel es schwer, sich wieder in Wellington einzugewöhnen. Ihre standesbewusste Familie und die konventionelle Kolonialgesellschaft flößten ihr nach dem Leben in der englischen Metropole Widerwillen ein, während umgekehrt die Beauchamps von ihren freien Lebensansichten entsetzt waren. Sie hatte Heimweh nach England, und ihre Neigung, die gesellschaftlichen Normen zu durchbrechen, versetzten sie in innere Unruhe. »Würdest du nicht gern alle möglichen Arten von Leben ausprobieren – eins ist so beschränkt«, schrieb sie in dieser Zeit an eine Cousine.

1908 rang Mansfield ihren Eltern endlich die Erlaubnis ab, mit einer jährlichen Unterstützung von 100 Pfund nach England zurückzukehren. Die nun folgenden anderthalb Jahre waren die verwirrendste, aber auch entscheidendste Zeit in Mansfields Leben. In London knüpfte sie Kontakt zu einer neuseeländischen Musiklehrerfamilie, verliebte sich in den jüngeren der beiden Söhne und zog zeitweilig sogar bei der Familie ein, bis der Vater die Beziehung seines Sohnes zu der Tochter des berühmten Sir Harold unterband. Dass sie schwanger war, ahnte niemand. Kurz darauf entschloss sich Mansfield offenbar sehr spontan, den um zehn Jahre älteren George Bowden zu heiraten, verließ ihn aber noch in der Hochzeitsnacht. Ihre Mutter, durch die Heiratsabsicht beunruhigt, eilte nach London, um nach dem Rechten zu sehen, und schickte ihre Tochter in der Hoffnung, entweder die sexuellen Verirrungen mit einer Kaltwasserkur zu heilen oder eine Entbindung ohne Aufsehen zu garantieren, ins Kneippbad Wörishofen. Hier hatte Mansfield eine Fehlgeburt. Ob die Mutter von der Schwangerschaft wusste, ist nicht klar; sicher ist, dass sie nach der Rückkehr nach Neuseeland Katherine aus ihrem Testament strich. Literarisch entpuppte sich Wörishofen als fruchtbar. In satirischen Erzählungen wie *Frau Brechenmacher besucht eine Hochzeit* geißelte Mansfield deutsche Borniertheit und kleinbürgerlichen Chauvinismus.

Zurück in London verkehrte Mansfield in einem Kreis polnischer Emigranten, und die Beziehung zu dem jungen Polen Floryan Sobieniowski trug ihr die Kenntnis der russischen Literatur, vor allem Anton Tschechows, ein, aber auch eine Geschlechtskrankheit, die den Anfang ihrer gesundheitlichen Zerrüttung bildete. 1910 musste sie sich einer Bauchfelloperation unterziehen, die verheerende Folgen hatte. Man vermutet heute, dass die Symptome von Herz-, Bronchial- und Rheumakrankheiten, unter denen sie für den Rest ihres Lebens litt, auf die Einschleusung von Gonokokken in die Blutbahn durch diese Operation zurückzuführen waren. Aber da diese Zusammenhänge damals unentdeckt blieben, wurden die Krankheitssymptome nie richtig behandelt.

So kurz die Rolle George Bowdens in Mansfields persönlichem Leben war, so wichtig war er für ihre schriftstellerische Karriere, denn durch ihn lernte sie die Herausgeber der Zeitschrift *New Age* kennen, einer linken Kulturzeitschrift. Das Herausgeber-Team führte Mansfield in die Londoner literarische Szene ein, wo sie 1912 den 22-jährigen Oxfordstudenten John Middleton Murry kennenlernte, der die avantgardistische Kunst- und Literaturzeitschrift *Rhythm* herausgab. Der unsichere junge Mann zog bei Mansfield ein. Schwächer als sie und solider als ihre bisherigen Liebhaber, bot er Katherine offenbar Geborgenheit. Als Schriftsteller erfolglos, machte er sich einen Namen als glänzende kritische Begabung. Sehr bald waren beide als »The Two Tigers«, das einflussreiche Herausgeberpaar von *Rhythm*, bekannt, wo die vielversprechenden Namen der jungen englischen Literatur mitarbeiteten. Das Häuschen auf dem Land, das ihre Finanzen weit überstieg, war Beweis für die Luftschlösser, die das Paar baute. Die rosigen Aussichten verwandelten sich schon nach vier Wochen in einen Alptraum, als der Verleger der Zeitschrift nicht nur Bankrott machte, sondern Murry und Mansfield auch noch durch seine Schulden in finanzielle Schwierigkeiten stürzte, aus denen sie sich jahrelang nicht befreien konnten.

Der Versuch der beiden, sich literarisch in Paris zu etablieren, schlug ebenfalls fehl. Mansfield genoss Paris; Frankreich bedeutete ihr immer warmes, sinnenfrohes Leben. Aber schließlich kehrten sie nach London zurück. Da ihre Beziehung unter der Armut zu leiden begann, brach Katherine 1915 erneut nach Frankreich auf und ließ sich mitten im Krieg auf eine »indiskrete« Reise durch die feindlichen Linien und eine Eskapade mit einem Freund Murrys ein.

Ein wichtiges Ereignis in diesem Jahr war der Besuch ihres Bruders Leslie. Er kam als junger Soldat nach London, wo Mansfield und Murry unterdessen ein Haus gemietet hatten. Der unerwartete Tod des Bruders durch eine Handgranate einen Monat später stürzte Katherine in eine tiefe Krise. In dem Bedürfnis, ungestört zu sein, ließ sie sich von Murry nach Südfrankreich begleiten, wo sie allein zurückblieb und die Ähnlichkeit der Landschaft mit Neuseeland, sowie der Schmerz über den Tod des einzigen Bruders ihr die Kindheit intensiv nahebrachten. Was sich schon beim Besuch des Bruders in London angebahnt hatte, fand nun literarisch seine Erfüllung. Murry kam über Weihnachten zu ihr, und die Monate in einer Villa in Bandol erwiesen sich für beide als glückliche und fruchtbare Zeit. Mansfield vollendete hier das in Paris begonnene Manuskript *Die Aloe*, das zu Erzählungen wie *Das Gartenfest, An der Bucht* und *Das Puppenhaus* führte, die sich mit Mansfields Kindheit beschäftigen und mit denen sie ihre unverwechselbare literarische Note fand.

Auch Mansfields persönliches Leben wurde gerade zu dieser Zeit durch neue literarische Impulse bereichert. Zum einen führte die Freundschaft mit D. H. Lawrence und seiner deutschen Frau Frieda von Richthofen dazu, dass die beiden Paare 1916 in Cornwall vorübergehend in engster Nachbarschaft lebten, obwohl Spannungen die Episode schon bald beendeten. Aber das Gefühl geistiger Verwandtschaft zwischen Mansfield und Lawrence, die eine große Naturliebe und eine unerschrockene Neugier und Lebensgier verbanden, blieb bis zu ihrem Tod bestehen. In Lawrences Roman *Women in Love*, wo Mansfield und Murry als Gudrun und Gerald porträtiert sind, findet der heutige Leser den literarischen Niederschlag dieser Beziehung.

Zum anderen wurden Murry und Mansfield nun Teil des kultivierten Salons der künstlerisch ambitionierten Lady Ottoline Morel, die während des Krieges Intellektuelle und Künstler aus der Bloomsbury-Gruppe um das Ehepaar Leonard und Virginia Woolf auf ihrem Landsitz bei Oxford versammelte. Trotz ihrer und Murrys Neigung, sich eher am Rande zu halten, weil sie sich menschlich und künstlerisch überlegen fühlten, spielte Mansfield bei den Aufenthalten eine ausgesprochen unterhaltsame, anregende und geistreiche Rolle.

Die Kriegszeit wurde für die beiden zunehmend bedrückender. Immer mehr Freunde fielen an der Front, das Geld wurde knapp und ihre Beziehung war auch in künstlerischer Hinsicht keineswegs ohne Spannungen. Eine Rippenfellentzündung und ein Schatten auf der Lunge zwangen Katherine 1917 zur Reise in die Wärme Südfrankreichs.

Damit begannen die letzten ruhelosen, von Krankheit gezeichneten Jahre Mansfields, in denen sie trotz heftiger Anfälle von Schwermut ihre großen Erzählungen vollendete. Das ständige Auf und Ab ihrer Stimmung, der Rhythmus von Angst und Hoffnung, von Niedergeschlagenheit und Überschwang prägte diese Zeit.

Was optimistisch und reiselustig begann, endete in Depressionen. »Ein großer schwarzer Vogel fliegt über mir, und ich habe solche Angst, dass er sich niederlässt [...] Ich weiß nicht genau, *was* für ein Vogel es ist«, schrieb sie bald. Der kleine Ort Bandol hatte durch den Krieg seinen idyllischen Charakter verloren, und beängstigende Krankheitssymptome – sie spuckte Blut – förderten die Angst zu sterben, ohne ein bedeutendes Werk geschaffen zu haben. »Wie unerträglich wäre es zu sterben – und Stückwerk zurückzulassen – nichts wirklich Fertiges.« Sie sehnte sich nach Murry; stattdessen eilte die treue, immer selbstlose Freundin Ida Baker zu ihr, musste aber Hass-Ausbrüche der Kranken über sich ergehen lassen. Die Tuberkulose-Symptome waren unübersehbar, und die rheumatischen Beschwerden schränkten Mansfields Bewegungsfreiheit ein. Dichterisch aber war diese trostlose Zeit ein Durchbruch.

Im Mai 1918 erfolgte die Scheidung von Bowden und die Heirat mit Murry. Sie sollte zu einem normalen Leben mit Häuslichkeit und Kindern führen, wurde aber eine einzige Enttäuschung. Mansfield war von Zweifeln geplagt, ob sie nicht eine Belastung für ihren Ehemann sei. Die Todesangst war immer präsent. »Beinahe jeden Abend um elf wünsche ich, es wäre elf Uhr morgens. Ich wandere auf und ab [...] blicke in den Spiegel [...] und denke: ›Wird meine Kerze noch bis zum Morgengrauen durchhalten?‹« Der Tod der Mutter traf sie schmerzlich und rief die Vergangenheit wach.

Dass die Murrys gemeinsam die Zeitschrift *Athenaeum* herausgaben, konnte die Entfremdung zwischen ihnen nicht aufhalten. Mansfield schloss sich in dieser Zeit enger an Virginia Woolf an, die die Kränkelnde regelmäßig besuchte. Woolf hatte anfänglich Vorbehalte gegen die »gewöhnliche und kaltschnäuzige« Mansfield gehabt, fand aber in ihr die einzige Partnerin, deren dichterisches Vermögen ihrem eigenen ebenbürtig war. Es scheint, als verdankte Virginia Woolf den Gesprächen mit der literarischen Rivalin ein zeitgemäßeres literarisches Verständnis. Woolfs ersten Roman jedenfalls, *Night and Day* (1919), rezensierte Mansfield im *Athenaeum* sehr kritisch: So traditionell im Stil des 19. Jahrhunderts dürfe man im 20. Jahrhundert nach den Erfahrungen des Ersten Weltkriegs nicht mehr schreiben. »Wir müssen den Krieg in Betracht ziehen und neue Ausdrucksformen finden […] Jane Austen könnte heutzutage auch nicht mehr *Northanger Abbey* schreiben – und wenn, wäre ich an ihr nicht interessiert.«

Im selben Jahr kam Mansfields Vater nach England. Die Hoffnungen, die sie auf diesen Besuch gesetzt hatte, erfüllten sich nicht: Murry verhielt sich Sir Harold gegenüber so kühl, dass dieser sich nicht genötigt sah, seiner Tochter unter die Arme zu greifen. Finanziell blieb es bei der bisherigen Regelung. Das Verhältnis zu ihrem Ehemann hatte sich nun gewandelt. Aus der dominierenden Frau war die abhängige Kranke geworden, aber Murry war dieser pflegenden Rolle nicht gewachsen. Die beiden wechselten zwar täglich Briefe, aber nur sporadisch verbrachte er seine Zeit mit ihr. Ihr blieb die schriftstellerische Berufung: »Ich habe von dir, was ich wünsche, eine einzigartige Beziehung, aber nicht das, was die Welt unter einer Ehe versteht. Das heißt, dass ich weder von dir abhänge noch von dir erschüttert werden kann. Zuallererst bin ich Schriftstellerin.«

Nach einem kurzen Aufenthalt in Süditalien im Herbst 1919 floh Mansfield ins geliebte Frankreich, um dort Frieden zu finden. Ihre oft hysterischen Reaktionen werden verständlich, wenn man das außerordentlich aktive Leben der Schriftstellerin bis zu ihrem dreißigsten Jahr mit dem traurigen Dasein der Invalidin vergleicht, die sich im fremden Land zwischen Schreibtisch und Bett am Stock dahinschleppte.

Noch einmal kehrte sie im Sommer 1920 nach England zurück, wo Murry, wie sie sich vorgaukelte, das ideale Haus auf dem Land gefunden hatte. Aber das Zusammenleben war unerträglich, denn Murry erregte nicht nur mit seinen Frauenaffären ihr Misstrauen, sondern ließ es in seiner Wehleidigkeit seiner Frau gegenüber auch an Zartgefühl und Rücksicht fehlen.

Schon im September 1920 kehrte Katherine nach Frankreich zurück, wo ihr die Erzählungen *Die Töchter des verstorbenen Oberst* und *Miss Brill* gelangen. Sie begann nun zu begreifen, dass es für sie ein angemessenes Verhalten dem Leben und der Liebe gegenüber nur durch die Literatur geben konnte. »Wenn die Mauern zwischen dir und dem Tod erst einmal gefallen sind, ist es schwer, sie wieder aufzubauen [...] Ich habe nur meine Arbeit.«

Murry gab endlich seine Londoner Existenz auf, um mit Mansfield in der Schweiz zu leben. Sie verbrachten ein glückliches halbes Jahr miteinander, nur dass Mansfield jetzt todkrank war. »Es ist schon ein Ärgernis, wenn man das Leben so liebt wie ich«, schrieb sie und ließ in den Erzählungen *An der Bucht, Das Gartenfest* und *Das Puppenhaus* ihre Kindheit in Neuseeland mit unbeschreiblichem Zauber auferstehen.

Gegen den Rat Murrys ging Mansfield nach Paris, um sich einer schmerzhaften, aber erfolglosen Röntgenstrahlen-Behandlung zu unterziehen. In diesem Kontext erlebte sie das Erscheinen ihres dritten Geschichten-Bandes *Das Gartenfest und andere Erzählungen*, der noch im selben Jahr in die dritte Auflage ging.

Nach einem kurzen Aufenthalt in der Schweiz, wo sie ihre letzte Geschichte *Der Kanarienvogel* schrieb, nahm sie dann Zuflucht zu unorthodoxen Seelenheil-Methoden, die auf Murrys Ablehnung stießen und zur endgültigen Trennung von ihr führten. Sie begab sich in das »Institut für die harmonische Entwicklung des Menschen« des russischen »Guru« Gurdieff in Fontainebleau. Das dortige Kommunen-Leben tat ihr wohl. Aber helfen konnte ihr niemand mehr. Am 9. Januar 1923 kam Murry zu einem Besuch. Stunden später starb Mansfield nach einem plötzlichen Blutsturz. Sie war 34 Jahre alt. Ihr Werk reflektiert die Tragik, dass das Leben einer so intelligenten, literarisch hochbegabten, mutigen Frau zu Enttäuschung, Unglück, Jahren schwerer Krankheit und einem vorzeitigen Tod führte.

Katherine Mansfields Anspruch auf literarischen Nachruhm gründet sich auf ein schmales Werk, das sich in einem einzigen Band veröffentlichen lässt: auf die drei von ihr selbst zusammengestellten und zu ihren Lebzeiten erschienenen Erzählbände *In a German Pension, Bliss and Other Stories* und *The Garden Party and Other Stories*, auf einzelne in Zeitschriften herausgebrachte Geschichten und auf die unvollendeten und fragmentarischen Erzählungen aus ihrem Nachlass.

Das Zentrum von Mansfields Erzählungen sind ihre Frauengestalten. Ihr Reichtum ist groß: kleine Mädchen, junge Frauen, alternde Jungfern und Großmütter. Auch die sozialen Varianten sind zahlreich: reiche Damen, bürgerliche Frauen und solche aus dem Arbeitermilieu. Fast durchweg handelt es sich dabei um sensible, verletzliche Naturen, von denen einige Züge ihrer eigenen Empfindsamkeit besitzen. Die Gestalten ihrer Erzählungen basieren zum einen auf den Erinnerungen an ihre eigene Kindheit in Neuseeland und zum anderen auf Menschen-Typen, denen sie in ihrem europäischen Leben begegnete. Allerdings repräsentiert keine von ihnen das extrem freie Leben, das Mansfield selbst führte. In *Der Wind weht* geht es um einen Aufbruch, der sich aber nur in der Phantasie abspielt. Am nächsten kommen ihrem Unabhängigkeitsdrang und ihrer Missachtung von Konventionen zwei Figuren. Die Protagonistin von *Eine indiskrete Reise* verfolgt im Frankreich des Ersten Weltkriegs eine sexuelle Eskapade – Erlebnisse, die Mansfields eigene Erfahrungen widerspiegeln. In *An der Bucht* gibt es Mrs. Harry Kember, eine Frau, die sich über alle gesellschaftlichen Gebote hinwegsetzt und die denn auch von den anderen Frauen abfällig betrachtet wird.

In anderen Frauengestalten Mansfields bleiben Freiheit und Abenteuer bloße Sehnsucht. Linda in *An der Bucht*, durch Schwangerschaften erschöpft, träumt von Abenteuerreisen in China, und ihre Schwester Beryl hofft durch eine Heirat ihrer engen häuslichen Existenz zu entfliehen. Ob die Ehe ihr allerdings zu einem freieren Leben verhelfen könnte, ist zweifelhaft – das Beispiel ihrer Schwester

Linda ist nicht ermutigend. Noch weniger Zuversicht flößen die Frauengestalten in *Frau Brechenmacher besucht eine Hochzeit* ein. Die Titelfigur dient ihrem Mann wie eine Sklavin. Ihre abschließende Geste in der Erzählung ist ein Ausdruck der Unterwerfung und Verzweiflung. Die Braut in der Erzählung wird für die Freiheiten, die sie sich in ihrem Vorleben genommen hat, bestraft. Sie muss einen ungeliebten Mann heiraten und geht ihrer Domestizierung entgegen. Das Leben, zu dem die Schwestern in der tragikomischen Erzählung *Die Töchter des verstorbenen Oberst* gezwungen wurden, hat ihnen nie erlaubt, erwachsen zu werden. Ihr Vater hat die alternden Jungfern in einer Abhängigkeit gehalten, die es ihnen fast unmöglich macht, nach seinem Tod eigene Entscheidungen zu fällen. Seine Autorität über sie hält bis über seinen Tod hinaus an. Männern, die sie hätten heiraten können, sind sie nie begegnet. Das Dienstmädchen Kate lässt ihre Herrinnen denn auch ihre neu gewonnene Überlegenheit über sie spüren. Auch *Miss Brill* in der gleichnamigen Erzählung ist eine unverheiratete Frau, an der das Leben im wahrsten Sinne des Wortes vorübergeht: Sie sitzt auf einer Bank und betrachtet das Geschehen vor ihren Augen wie auf einer Bühne. In Mansfields letzter Erzählung *Der Kanarienvogel* ist die Teilnahme der Protagonistin am Leben noch eingeschränkter. Der gefangene Vogel dient als Symbol künstlerischer Leistung gerade im Zustand menschlicher Ohnmacht.

Mit zunehmender Krankheit und Einsamkeit wurde in Mansfield die Sehnsucht nach ihrer behüteten Kindheit in Neuseeland immer stärker. Diese Zeit lebt in *An der Bucht*, *Das Puppenhaus* und *Das Gartenfest* wieder auf. Die Mädchen in diesen bezaubernden Erzählungen werden unvermutet mit den Licht- und Schattenseiten des Lebens konfrontiert – ein erster Schritt ins Erwachsensein. Die Einsichten in den Zusammenhang von Leben und Tod, die die Geschwister am Ende von *Das Gartenfest* gewinnen, verbleiben bewusst im Unsagbaren, so dass die präzisierende Vollendung der Schlusssätze gerade fehlt. Die vertraute Verständigung zwischen beiden ist von der rationalen Fixierung des Geahnten nicht abhängig.

Aber auch die Kindheit selbst ist nicht unberührt von dem prägenden Einfluss der Erwachsenen, deren soziale Vorurteile schon Harmonie und Einvernehmen der Kinder beeinträchtigen. In *Das Puppenhaus* werden die Kelvey-Mädchen wegen ihres niedrigen sozialen Status aus dem Kreis der Klassenkameradinnen ausgeschlossen. Als Kezia ihnen die Lampe im Puppenhaus zeigt – ein zentrales, vielseitiges Symbol in der Geschichte –, wird sie von ihrer Tante zurechtgewiesen.

Mansfield gehört zu den Autorinnen, welche die für die Moderne typische Kurzgeschichte entwickelt haben. Sie verzichtet auf jede dramatische Handlung und macht den Augenblick zum kurzen, erhellenden Einblick in die seelische Befindlichkeit des Menschen, in seine Entscheidungen und Erfahrungen, in die Wirkung von Landschaft und Ambiente auf das menschliche Selbstverständnis und in mitmenschliche Spannungen. Solche Augenblicke nennt sie *glimpses* und bezeichnet damit die blitzartigen Erkenntnisse über verborgene oder verdrängte Zustände des Lebens, die nicht zu weitreichenden Konsequenzen zu führen brauchen und sich manchmal auch dem klaren gedanklichen oder sprachlichen Erfassen entziehen.

Die besondere Begabung Mansfields lag darin, mit indirekten literarischen Mitteln zu arbeiten. Das Seelische wird nicht analysiert, sondern gibt sich in Gesten und Worten zu erkennen. Und zwar so weit, dass auch der erzählte Text wechselnd den Sprechton bestimmter Figuren annehmen kann, aus deren Sicht ein Ereignis auf diese Weise erscheint. Vor allem das Visuelle wird bei Mansfield intensiv dargestellt und als Deutungsmedium verwendet. Licht und Schatten, Pflanzen und Tiere, Naturphänomene und Innenräume spiegeln innermenschliches Geschehen, ohne dabei im Geringsten den Zauber des sprachlich gestalteten Sinneseindrucks zu verlieren.

Mansfield erzählt polyperspektivisch. Bei allen Figuren wird der Wechsel zwischen Außenansicht und Innenansicht das Medium, um ein Doppelleben zwischen Wirklichkeit und Imagination zu vergegenwärtigen. Das Aufleuchten eines anderen Lebens ist aber immer nur momentan, und der solide, aber auch ereignislose Alltag wird wiederhergestellt, wenngleich ein Eindruck des Geschehenen in den Menschen zurückbleibt. Auf diese Weise erfahren die Leserinnen viel über das Innenleben der Frauengestalten, über ihre Wünsche und Versagungen, Abneigungen und Vorlieben, ihren Kummer und Schrecken.

Der vorliegende Band enthält auch die Lieblingserzählungen der Übersetzerin:

Die Töchter des verstorbenen Oberst mit ihrem Verweben von Tragik und Komik, Gegenwart und Vergangenheit, Erleben und Erinnern und der gekonnten Struktur der sich wechselseitig spiegelnden zwölf Episoden, mit dem Höhepunkt genau in der Mitte, wo die momentane Befreiung der Schwestern aus der tyrannischen Lebensroutine gerade in dem paradoxen Satz »Seien wir schwach« besteht; *Das Puppenhaus* mit seiner vollendeten Kinderpsychologie und dem Überschatten dieser Kinderwelt durch die sozialen Vorurteile der Erwachsenen; sowie *Das Gartenfest* mit der Spannung zwischen der heiteren, behüteten, aber geschlossenen Gesellschaftswelt der Mutter und der Offenheit jugendlicher Erfahrungen, die zum ersten Mal den Tod einschließen. Hier führt die Beherrschung von Mansfields literarischen Mitteln zu ergreifenden und künstlerisch beglückenden Gestaltungen menschlicher Probleme.

So unumstritten Katherine Mansfields literarischer Ruhm heute ist, so kontrovers wurde allerdings ihr Lebenswandel bewertet. Was hatte sie getan, um trotz ihrer großen Verdienste um das literarische Ansehen der mit berühmten Autoren nicht gerade gesegneten Kolonie so viel Kritik ausgesetzt zu sein? Sie hatte sich zu Beginn des 20. Jahrhunderts dem konventionellen und engen Dasein Neuseelands entzogen, um in Europa ein für eine Frau undenkbares geistiges und sexuelles Leben zu führen. Uneheliche Schwangerschaft, Promiskuität, lesbische Verhältnisse, bohemehafter Lebensstil. Sie war eine emanzipierte Frau in einer patriarchalischen Welt und ein revolutionäres schriftstellerisches Talent.

Katherine Mansfield (1888–1923), geboren in Wellington, Neuseeland, gilt als eine der großen Erzählerinnen des 20. Jahrhunderts und als Wegbereiterin der modernen Kurzgeschichte. In London führt sie ein exzessives, selbstbestimmtes Leben in Kreisen der literarischen Boheme; das eigene Schreiben begreift sie als Lebensaufgabe. Sie hinterlässt zahlreiche Briefe und Kurzgeschichten. 1923 stirbt sie in Fontainebleau an Tuberkulose.

Ursula Grawe ist Germanistin und Anglistin. Sie lebt in Australien und hat ein umfangreiches Werk als Übersetzerin vorgelegt – von Mary Shelley über Rosamunde Pilcher bis zu Jane Austen und Katherine Mansfield.

2019 Philipp Reclam jun. Verlag GmbH,
Siemensstraße 32, 71254 Ditzingen
Umschlaggestaltung: Keppler + Jung
Umschlagabbildung: Svea Anais Perrine / photocase.de
Druck und buchbinderische Verarbeitung:
CPI books GmbH, Birkstraße 10, 25917 Leck
Printed in Germany 2019
RECLAM ist eine eingetragene Marke
der Philipp Reclam jun. GmbH & Co. KG, Stuttgart
ISBN 978-3-15-011198-7

Auch als E-Book erhältlich

www.reclam.de